志愿服务培训系列丛书志愿者读本
北京志愿服务发展研究会组织编写

助残志愿服务
典型个案实务指南

北京市残疾人联合会支持指导

中国国际广播出版社

编委会

主　　任：李　健　王响平
执行主任：李　健
副 主 任：王静奎　李　磊
学术顾问：许家成
主　　编：郝传萍
副 主 编：毛荣建　吕会华　刘　颂　张海丛　肖杨梅
成　　员（按姓氏笔画排序）：

　　　　　王　虎　王　欣　王　猛　毛荣建　方文群
　　　　　龙　莉　田丽娜　吕会华　吕聪聪　刘　颂
　　　　　李宝林　李　莉　肖杨梅　肖树生　邱梦桃
　　　　　宋志强　宋　超　张海丛　陈永伟　林　达
　　　　　赵济华　郝传萍　郭小龙　曹仕涛　韩润峰
　　　　　韩　鹭

序

助残志愿服务是人类社会中伟大而崇高的事业。

志愿者们通过志愿服务去帮助那些生活中需要帮助的残疾人，以"平等、参与、共享"的理念，自愿、不为报酬地参与推动人类发展，促进社会进步和完善，奉献爱心，共同进步。

助残志愿服务是人类大家庭中互助与友爱的帆船。

志愿者通过志愿服务去拉起那些生活中需要扶持的残疾人，以勇敢、坚强、自信的信念，勇往直前、不屈不挠，与残疾朋友相互支持，共同向前，扬起生活的风帆。

助残志愿服务是人类生活中多彩与绚烂的画卷。

志愿者通过志愿服务去挽起那些生活中需要关爱的残疾人，以幸福、快乐、平和的态度，与残疾人朋友共同托起温暖的太阳，奔向美好的未来。

相信，各位志愿者朋友能从此书中得到许多有益的启示。

谨此为序，并向编著本书的老师们表示敬意，更向支持助残志愿服务工作的北京市志愿服务联合会、北京市残疾人联合会、北京志愿服务发展研究会表示敬意！

许家成

前　言

2008 年，北京成功举办了第 29 届夏季奥林匹克运动会（以下简称 2008 年奥运会），和第 13 届夏季残疾人奥运会（以下简称 2008 年残奥会），为我国志愿服务的发展奠定了良好的基础。夏季残疾人奥运会（以下简称残奥会）的助残志愿服务工作是一项开拓性的工作，也是一项创新性的工作。可以说，2008 年残奥会助残志愿者培训奠定了"后奥运时代"的助残志愿服务活动的基础，影响着我国助残志愿服务培训工作的组织方向和实施路径。

随着社会的发展，我们国家在政治、经济、文化、社会、生态方面发生了巨大的变化，中国特色社会主义进入了新的发展时期。随着人们生活水平不断提高，人们追求美好生活的愿望也在提高，残疾人追求美好生活的需求也在发生着巨大变化。

为了保障残疾人的权益，我国陆续出台了有关残疾人就业、教育、康复、残疾预防、职业教育等方面的法规与政策，极大地推动了残疾人事业的发展。同时，我国提出"全面建成小康社会，残疾人一个也不能少"，逐步形成特色鲜明、布局合理、方便可及的残疾人服务体系，保障残疾人基本公共服务，并出台《贫困残疾人脱贫攻坚行动计划（2016—2020年）》。

为实现"全面建成小康社会，残疾人一个也不能少"的目标，践行残疾人的"平等、参与、共享"的理念，政府广泛动员社会力量，特别是发挥共青团和团员、青年的骨干作用，调动社会一切力量，开展不同层面、不同领域的志愿服务活动，切实解决残疾人生活中的实际困难，帮助、支持、辅助残疾人共享新时代的美好生活。

本书是继《助残志愿服务手册》《助残志愿服务实务指南》之后助残志愿服务的又一重要读本。北京市残疾人联合会联合京津冀地区的各级残疾人联合会，为推动三地助残志愿服务的发展，在联合组织志愿者培训之后，从征集的助残志愿服务案例中选了十九个典型案例，重新编写，客观而真诚地点评，旨在为正在或将要从事志愿服务的志愿者朋友们提供参考和借鉴。

本书所选案例中的志愿服务活动涉及残疾人的教育、康复、出行、文化生活、婚姻、生命重建、贫困资助、家庭生活、心理困扰等方面的问题。志愿者有青少年、大学生、青年人、老年人、专业人士、残疾人等人群。依托的平台有残联、温馨家园、康复机构、民非机构、民间公益组织、相关互联网平台等。服务的残疾人涉及智力残疾、听力残疾、视力残疾、肢体残疾、精神残疾、多重残疾等类别。服务的技术更加专业化：志愿者们不仅较好地运用了手语、导盲、推轮椅等专门助残技术方法，还有具有专业资质的专业人员参与，如教师、艺术家、演员、康复师、医生、社会工作者、心理咨询师等。更可喜的是，我们从这些案例中看到志愿者们不是出于怜悯和同情的心态去帮助残疾人，而是基于"平等、参与、共享"的新残疾人观，从权利的视角支持、扶助残疾人，鼓励与激励残疾人掌握自立于社会的本领与技能，为残疾人寻找、提供相关平台。

本书的编写仰赖于众多参与志愿服务的志愿者和助残志愿服务组织提供的宝贵案例——每个案例都是他们的热心、爱心、真心，特别是志愿精神和志愿服务专业技能的真实写照和真情记录。在此，向无私提供案例的志愿者和志愿服务组织表示感谢和崇高的敬意！本书的编写还要仰赖于北京联合大学特教学院的郝传萍、毛荣建、吕会华、刘颂、张海丛、肖杨梅老师的倾情帮助，参与编写与点评工作。更要感谢北京市残疾人联合会的再一次鼎力支持！

本书案例中所用人名均为化名，严格遵守保密原则。

本书的不足之处还请各位志愿者朋友批评与指正。

目 录

案例一：非遗传统文化走进温馨家园 / 001
  一、案例背景 / 002
  二、活动初步设想 / 004
  三、活动组织与实施 / 006
  四、反思 / 014
  五、案例评析 / 016

案例二："人人享有康复"引领助残志愿服务 / 020
  一、康复园简介 / 020
  二、活动组织与实施 / 021
  三、反思 / 036
  四、案例评析 / 040

案例三：帮助他人、快乐自己的志愿情 / 044
  一、背景介绍 / 045
  二、助残志愿服务历程 / 046
  三、反思 / 050
  四、案例评析 / 052

案例四：你行我也行，志愿同行 / 055
　　一、背景介绍 / 056
　　二、勇敢面对生活 / 056
　　三、公益成就叶子 / 058
　　四、反思 / 061
　　五、案例评析 / 065

案例五：志愿家庭关爱社区孤残儿童 / 067
　　一、活动背景 / 068
　　二、活动初步设想 / 071
　　三、活动组织与实施 / 072
　　四、反思 / 083
　　五、案例评析 / 085

案例六："守护星光"——关爱残障儿童 / 088
　　一、背景介绍 / 089
　　二、活动设想 / 091
　　三、活动过程 / 092
　　四、反思 / 094
　　五、案例评析 / 097

案例七：乡村助残，爱心温暖送到家 / 099
　　一、活动背景 / 101
　　二、活动初步设想 / 102
　　三、活动组织与实施 / 103
　　四、反思 / 108
　　五、案例评析 / 112

案例八：初心照耀志愿，奉献"无问西东" / 114

　　一、活动背景 / 114

　　二、活动组织与实施 / 115

　　三、反思 / 121

　　四、案例评析 / 125

案例九：我们是你的眼，陪你听世界 / 127

　　一、活动背景 / 127

　　二、活动组织与实施 / 128

　　三、社会影响 / 133

　　四、反思 / 133

　　五、案例评析 / 135

案例十：用心聆听　让爱绽放 / 136

　　一、活动背景 / 136

　　二、活动组织与实施 / 137

　　三、社会影响 / 144

　　四、反思 / 145

　　五、案例评析 / 148

案例十一：爱心相助，重燃生命之火 / 150

　　一、个案背景 / 150

　　二、服务方案的确定及实施 / 151

　　三、反思 / 156

　　四、个案评析 / 160

案例十二：走出家门，拥抱阳光，开启全新生活 / 162
  一、个案背景 / 163
  二、服务方案的确定与实施 / 166
  三、反思 / 171
  四、案例评析 / 174

案例十三：志愿之旅　你我同行 / 176
  一、活动背景 / 176
  二、活动组织与实施 / 178
  三、社会影响 / 179
  四、反思 / 180
  五、案例评析 / 183

案例十四：让残疾人幼有所教、老有所养 / 185
  一、活动背景 / 185
  二、活动组织与实施 / 187
  三、社会影响 / 194
  四、反思 / 194
  五、案例评析 / 199

案例十五：平凡孕育伟大，一个新时代青年助残志愿者的践行历程 / 205
  一、康复站简介 / 205
  二、小林的志愿之旅 / 206
  三、社会影响 / 210
  四、反思 / 212
  五、案例评析 / 216

案例十六：愿"星星的孩子"不再孤单 / 224

    一、案例背景 / 225

    二、活动组织与实施 / 226

    三、社会影响 / 232

    四、反思 / 232

    五、案例评析 / 234

案例十七：遇见你们，在温暖如常的二里庄 / 241

    一、案例背景 / 241

    二、活动组织与实施 / 242

    三、志愿者感言 / 247

    四、反思 / 250

    五、案例评析 / 253

案例十八：筑造温馨家园，拓建助残平台 / 256

    一、案例背景 / 256

    二、活动组织与实施 / 257

    三、社会影响 / 260

    四、反思 / 262

    五、案例评析 / 263

案例十九：张垣之心十年"阳光助残"路 / 267

    一、促进会简介 / 267

    二、活动组织与实施 / 268

    三、社会影响 / 273

    四、反思 / 274

    五、案例评析 / 275

案例一：非遗传统文化走进温馨家园

北京市大兴区文化馆　张雪

随着社会经济的发展水平不断提高，人们的生活水平也日益提高，随之而来的就是人们基本的生活需求得到满足后而带来的精神生活的追求，因此文化生活自然就成了衡量人们生活质量的重要指标之一。作为社会成员的残疾人，虽然在参与社会文化生活中存在诸多不便，但是他们同样需要文化的滋养和启迪，同样有追求美好生活的愿望和梦想。就目前来讲，由于思想意识、客观环境、残疾人自身条件等诸多因素的限制，残疾人对文化生活的需求和能够享有的文化生活之间还存在很大的差距。他们不仅需要更多的文化人士的帮助，更需要全社会共同支持与帮助。让更多的残疾朋友共享文化生活，不断提高残疾人文化建设和服务水平，是全社会的共同责任。

本案例以温馨家园的残疾人为主要服务对象，以文化志愿者为主导，在北京市大兴区文化馆的组织下，开展了剪纸、风筝、皮影等非遗传统文化助残志愿服务活动，让残疾人朋友参与到了剪纸、风筝、皮影等非遗传统文化技艺的制作和欣赏活动中，促进了残疾朋友的功能康复，增进了残疾朋友的自信心，扩大了残疾朋友的社会交往，增加了残疾朋友的生活乐趣，培养了残疾朋友积极的生活观念。

知识链接：文化志愿者

文化志愿者是指那些不以物质报酬为目的，利用自己的时间、文艺技能等自愿为社会和他人提供公益性文化艺术服务和帮助的人。文化志愿者是志愿者群体的重要组成部分。与普通志愿者的不同之处在于，文化志愿者的专业性更强，强调公益文化艺术服务。

北京市文化志愿者宗旨：奉献、友爱、互助、团结。

服务的口号：帮助他人、完善自己、服务社会、传播文明。

一、案例背景

大兴区是一座处处能看到志愿精神的志愿新区，现有志愿者27万人，占常住人口的18.2%。在大兴区内，"人人都是志愿者，处处可以做善事"的志愿文化无处不在。走在大兴的街道上，志愿者的身影随处可见。这些穿着红马甲和蓝马甲的志愿者，让你能切身感受大兴区志愿文化的精神魅力。

大兴区从2009年开展文化志愿服务至今已有十年的历史。

从一开始组织文化志愿者演出节目、开展基础的文艺培训，到广泛开展文化志愿服务项目，大兴区在开展文化志愿服务活动和文化志愿服务项目过程中，充分发挥志愿精神，服务本区群众的业余文化生活，逐渐形成了文化志愿服务与本区公共文化服务建设相结合的、适合本区特点和满足本区文化需求的文化志愿服务发展模式；为了更好地帮助本区残疾人共享文化成果和共同参与文化生活，又积极开展适合残疾人特点的文化助残志愿服务活动。其中，具有典型示范意义的"传统手工艺特色温馨家园培训"项目，从2016年实施以来，收到良好的反馈，志愿服务组织也对关爱弱势群体、志愿帮助残疾人有了更为深入的探索。

延伸阅读：文化助残

在2012年第22个助残日期间，国家提出："加强残疾人文化服务，保障残疾人文化权益。"此后，各级残联在关注残疾人基本生活状况的同时，也引入多样化、个性化和常态化的文化志愿服务项目。实践表明，各类文化活动在促进残疾人康复、提高生活质量等方面起到事半功倍的作用。文化志愿者发挥了积极的作用，他们在送演出、送欢乐、组织体育活动等文化生活过程中，让残疾人感受到了平等、温暖、欢乐，有力地帮助残疾人打开心窗，迎接爱的阳光。同时，文化志愿者也探索了各种针对不同残疾人群的定制型的精准文化志愿服务项目，帮助残疾人更好地融入社会，走上属于自己的幸福人生路。

二、活动初步设想

大兴区位于北京市南部,是离北京市区最近的郊区。大兴区历史悠久,文化丰厚,自先秦建县以来有超过2400年的历史了,是中国最早的建制县之一,元明清三代被誉为"天下首邑",1958年3月前归属河北省,1958年3月后转划为北京市管辖。同年4月,北京市南苑区的旧宫、亦庄、瀛海、西红门等地划归大兴并改县为区,1960年1月7日复改为大兴县。2001年,北京市撤销大兴县并设立大兴区。大兴区历经历史变迁,如今又以"首都南大门"的新形象出现在人们的视野中。为了跟上时代文化大发展的步伐,大兴区大兴文化建设,尤其注重将历史文化优势和宝贵精神财富转化为推动当地经济社会发展和开发的强大动力,大力发展南海子文化、永定河文化、大兴地方戏、传统民俗等传统文化。

大兴区的文化建设发展思路和政策优势为大兴区的志愿服务发展奠定了良好的基础。2015年,大兴区成立了志愿服务联合会。该志愿服务联合会结合区域文化建设开展志愿服务工作,弘扬社会传统美德,增强社会主义核心价值观,推进大兴区志愿新城建设,尤其是依托大兴区悠久的传统文化历史,在大力弘扬文化建设的同时,尤其注重非物质文化遗产的弘扬和发展。

残疾人是社会成员的一分子,新时代的残疾人不仅能为社会创造劳动成果,更应与社会成员一道共享社会文化的快乐与美好。但是,现实生活中的种种限制,阻碍了残疾人对文化生活的渴望和向往。大兴区文化志愿服务活动紧密结合区域文化建设,开展了南海子文化、吴氏太极拳国家级非物质文化等多种形式的文化志愿活动。为了让本区域残疾人更好地融入社会文化生活，共享区域文化建设成果，不断提高生活质量和生活品位，2016年，借助世界月季洲际大会良好契机，结合2016年助残日主题，大兴区志愿服务联合会开展"月季花开　爱满人间"非遗传统技艺特色温馨家园建设项目。在成功组织该项目基础上，2017年，大兴区在落实中残联以"推进残疾预防　健康成就小康"为主题的第二十七次全国助残日活动中，又成功组织了2017年度"送欢乐进家园，皮影戏巡演"非遗传统技艺特色温馨家园培训项目。举办这些活动的目的就是能够让更多的、不同程度的残疾朋友参与到本区域的文化生活中。

知识链接：非物质文化

与"物质文化"相对，非物质文化主要指人类在社会历史实践过程中所创造的各种精神文化。大致分为三类：

①与自然环境相配合和适应而产生的，如自然科学、宗教、艺术、哲学等；

②与社会环境相配合和适应而产生的，如语言、文字、风俗、道德、法律等；

③与物质文化相配合和适应而产生的，如使用器具、器械或仪器的方法等。

三、活动组织与实施

（一）2016年"月季花开 爱满人间"非遗传统技艺走进温馨家园特色助残志愿服务

在 2016 年第 26 个全国助残日之际，正值大兴区 2016 世界月季洲际大会，于是北京市大兴区残疾人联合会（以下简称区残联）就将第 26 个全国助残日活动纳入世界月季洲际大会整体系列活动中。此次助残日活动得到了区文委、区文化馆的高度重视，他们希望借此良好契机，结合第 26 个全国助残日活动，将本次活动推广到各个乡镇中，使残疾朋友，特别是孤残儿童与全区人民一起共同分享月季洲际大会的快乐与幸福。

1. 活动主题

依据第 26 个全国助残日主题"关爱孤残儿童 让爱洒满人间"，结合月季大会，本次助残志愿服务活动主题定为"月季花开 爱满人间"——非遗传统技艺特色温馨家园项目建设助残志愿服务。

2. 活动内容

风筝制作、皮影互动等非遗项目技艺培训。

3. 活动形式

邀请杨利平、李铭两名常年参加志愿服务、具有丰富的服务经验的文化志愿者参与到该项目当中，主要承担教授传统风筝的制作与染色技艺的助残志愿工作，同时开展相关的皮影知识讲座、皮影演绎互动等活动。

4. 活动过程

（1）活动目的

通过助残文化志愿者开展实操型的非遗项目技艺培训，使残疾朋友，特别是残疾儿童，感受非遗文化魅力，并掌握一定的制作技艺，树立快乐、独立生活的信心，引导有能力的残疾朋友自主创业，能用自己的双手去创造美好幸福生活。

（2）活动时间：2016年5月—8月

（3）志愿者岗位

项目策划与组织、培训师、宣传三类志愿者岗位。策划与组织由文化馆文化志愿者工作人员担任，负责项目策划设计，与各部门协作，完成项目各阶段的具体实施工作；培训师由助残文化志愿者担任，负责项目中的具体培训内容；宣传岗负责项目的信息撰写报送、对外宣传等内容。

（4）活动要求

活动开展除去必要的资金、活动场地等要求之外，要求策划组织者具有丰富的文化助残活动经验。特别要求助残文化志愿者个人要有丰富的培训讲课经验、足够的耐心，以及与残疾人沟通的经验。培训讲解需通俗易懂，课程内容设置符合残疾人的学习能力。

从5月15日，第26次全国助残日开展启动之后，两位助残志愿者按照与温馨家园沟通好的课时安排，开展培训活动。项目开展过程中，及时宣传报道。项目后期，进行梳理总结，查找问题，为更好地开展下一年的项目奠定基础。

5. 活动的社会影响

放风筝是一种传统而且非常受百姓喜爱的、有趣的户外活动，这项活动同样也得到了残疾朋友的喜爱。此次活动组织了100多名残疾朋友参加了培训，通过培训，残疾朋友初步了解了风筝的起源、放风筝的习俗、放风筝的益处等简单的风筝文化知识，初步学习了如何给风筝扎骨架、糊风筝、画风筝，以及放风筝的简单技巧，有些残疾程度比较重的朋友在志愿者的帮助下也快乐地参与了风筝的学习和制作活动。在学习制作风筝活动基础上，文化志愿者又对残疾朋友开展了有关皮影戏的讲座。在开展讲座过程中，残疾朋友还积极参与皮影的演绎互动，他们同样非常喜爱皮影戏。

在与助残文化志愿者的沟通中，志愿者对残疾人在学习过程中的专注力、认真的程度非常敬佩，这种学习态度是值得我们每一个人去学习的。很多小的技巧，虽然要讲解很多遍，示范很多次，他们可能理解不太清楚，动手有些慢，但是他们会拿着材料，主动找老师问。志愿者表示，今后开展针对残疾人的培训，还需要对服务对象更深入地了解，设置课程需要更加细化，才能便于他们接受与掌握。温馨家园的负责人表示，文化志愿者非常专业的讲解，为有能力的残疾人在今后继续深入学习打下了良好的基础，特别是志愿者耐心的程度是他们没有想到的。看到残疾人们快乐的学习，并能够掌握一技之长，就像自己的孩子有了进步、在快乐成长一样欣慰。

五年来，大兴区残联着力在促进残疾人多渠道、多形式就业增收上下功夫，优化服务手段，提升助残服务实效，结合我区发展特色，深入调研，引入非遗志康劳动项目，拓宽了残疾人增收渠道。过去的五年来，区残联不断巩固区、镇（街）、村（社区）三级残疾人服务组织体系建设。据统计，大兴区在册残疾人 3.1 万余人，投入资金 3.7 亿元，发放生活补助、助残券，为部分特困残疾人家庭发放危房改造补贴，改善居住条件；为残疾人缴纳医疗保险，养老保险补贴；开展"阳光家园"计划，养老服务机构为残疾人设置托养机构，公共服务设施和活动场所免费向残疾人开放，等等，通过政策集成，提标扩面，不断完善残疾人社会救助体系，提高社会保障水平，补短板，扫盲区，构建困难残疾人求助有门、生存无忧、受助及时的民生保障安全网。

（二）2017 年"推进残疾预防　健康成就小康""非遗传统技艺——特色温馨家园培训"助残志愿服务项目

2016 年组织文化志愿者开展助残志愿服务活动的成功，极大地鼓舞了组织者，也让志愿者看到了残疾朋友的潜力和积极性。于是，他们计划 2017 年继续开展以皮影、风筝非遗项目为主，面向其他温馨家园开展助残志愿服务。

1. 活动主题

本次活动在 2016 年活动基础上，2017 年度助残志愿服务活动充分结合残疾日主题"推进残疾预防　健康成就小康"，继续开展"非遗传统技艺——特色温馨家园培训项目"暨"送欢乐进家园　皮影戏巡演"助残系列志愿服务。

2. 活动内容

在 2016 年活动基础上，为了让残疾朋友深入理解和了解非遗物质文化，除了学习皮影、风筝制作外，特增加了剪纸，及皮影戏演出观摩、演出体验等活动。

3. 活动形式

邀请非遗项目代表性传承人李铭、牛继飞、吕铁智作为助残文化志愿者参加志愿服务，主要承担教授传统剪纸与皮影制作的助残志愿工作，同时在其他志愿者的参与下开展相关的皮影戏演出观摩、皮影戏演出体验等活动。

4. 活动过程

（1）活动目的

2017 年项目以"推进残疾预防 健康成就小康"为立意，在 2016 年项目成功举办的基础上，助残文化志愿者继续开展实操型的非遗项目技艺培训，增加皮影戏演出内容，提高残疾人们的学习兴趣，使他们更直观地感受到非遗项目的魅力。本次项目的开展，将使残疾朋友掌握技艺，引导有能力的残疾朋友自主创业，以健康积极的心态去工作，去生活。

（2）活动时间：2017 年 5 月—9 月

（3）志愿者岗位

在 2016 年项目策划与组织、培训师、宣传三类志愿者岗位和岗位职责的基础上，增加演出文化志愿者，负责本年度中的皮影戏巡演助残服务。

（4）活动要求

项目要求组织者、培训师都要按照残疾人的接受能力设置培训内容、细化课程进度安排。特别是在培训过程中，要求助残文化志愿者付出更多的耐心和精力，以保障培训实效。

5. 活动的社会影响

截至 2017 年年底，大兴区在册残疾人 3.1 万余人，全区 19 个温馨家园，包括肢体、视力、听力、精神、智力、言语、多重 7 类残疾。区残联依托残疾人职康中心、温馨家园等平台，组织开展内容丰富、形式多样、健康有益、残健融合的群众性文化艺术、建设娱乐活动，丰富广大残疾人精神文化生活。并广泛开展文化助残、文化下乡、文艺汇演等活动。"非遗技艺走进温馨家园"项目以助残志愿服务为载体，帮助残疾人掌握技能，拓宽增收渠道；促进公共文化服务均等化，进一步拓宽公共文化服务覆盖面，助力宣传残疾事业，积极营造全社会助残扶弱良好氛围。

2017 年的项目组织实施参照 2016 年的项目执行，在全区 19 个温馨家园开展深入调研，确定三家温馨家园开展培训，并在八个镇（街）进行皮影戏巡演。进行培训、演出的志愿者按照前期安排，开展服务；组织者全程督导，做好项目归档；宣传者及时报道，扩大影响力。

2017 年助残志愿服务活动在延续上一年风筝制作和皮影戏演绎体验的基础上，又增加了剪纸项目、皮影戏演出与体验等活动。邀请本区非遗项目代表性传承人李铭、牛继飞、吕铁智三位文化工作者担任助残文化志愿者，由他们精心设计的非遗项目和培训安排，具有专业、轻松、浓厚的艺术气息。通过助残志愿活动，文化志愿者和活动服务志愿者更加深入地了解了残疾人，以及他们的文化需求。

助残志愿服务活动持续了三个月时间，有近200余名残疾朋友接受了培训。在活动中，文化志愿者乐此不疲地准备教学道具、辅具，并前往各个温馨家园授课。为了让残疾朋友学习和掌握非遗项目的技艺，从皮影的选材、制作、使用，从剪纸的叠纸技巧、图样的构思，等等，文化志愿者都精心设计和准备，付出了比平时更多的耐心，设计各种方法一遍一遍地讲解和示范，甚至手把手地、不厌其烦地、一遍一遍地教。这些培训不仅能够让残疾朋友享受到文化生活的快乐和美好，还对提升残疾朋友的认知能力、劳动能力、社会交往能力有着一定的帮助。志愿者感叹残疾人的潜能和能力，希望今后还能有机会来帮助残疾人学习非遗文化项目。

在开展非遗项目技艺培训的同时，"送欢乐进家园 皮影戏巡演"助残志愿服务活动还分别在黄村镇、西红门、庞各庄、林校路街道、清源街道、兴丰街道、观音寺街道、天宫院街道等8个镇街的温馨家园实施，活动邀请"小蚂蚁皮影艺术剧团"进行演出，共演出了十四场皮影戏。巡演艺术团的演出内容丰富多彩，如《狐狸和乌鸦》《东郭先生和狼》等深受人们喜爱的经典皮影剧目。每场演出结束后，文化志愿者就在现场讲解皮影知识。为了让残疾朋友更深刻地认识皮影，还邀请现场的残疾朋友走进后台，体验皮影的操作技巧与表演。有趣的演出、真实的触摸、技巧的传授，受到了残疾朋友的热烈欢迎，激发了残疾朋友的学习热情，使其每次都更加快乐地来参加培训。

小蚂蚁皮影艺术剧团致力于传承和发展"皮影"这一国家级非物质文化遗产项目，值得称赞的是艺术团成员均为残疾人。通过他们的演出，一方面传播非遗文化，展示非遗文化技艺；更为重要的是，展现了他们身残志坚、自强不息的意志力，快乐健康、积极向上的生活态度。小蚂蚁皮影艺术团的演员们不仅激励了参加活动的志愿者，更激励了参与活动的残疾朋友追求美好生活的勇气和愿望。艺术团的文化志愿者可爱的笑脸，真诚的演出，默契的配合，时常感染着每一位参与者，也使残疾朋友有了学习的榜样。

知识链接：风筝、皮影戏

1.风筝

风筝起源于中国，最早的风筝是由古代哲学家墨翟制造的。中国风筝问世后，很快被用于传递信息、飞跃险阻等军事需要。唐宋时期，由于造纸业的出现，风筝改由纸糊，很快传入民间，成为人们休闲娱乐的玩具。传统中国风筝的技艺概括起来只有四个字：扎、糊、绘、放，简称"四艺"。简单地理解这"四艺"即扎架子、糊纸面、绘花彩、放风筝。但实际上这四字的内涵要广泛得多，几乎包含了全部传统中国风筝的技艺内容。如"扎"包括：选、劈、弯、削、接。"糊"包括：选、裁、糊、边、校。

"绘"包括：色、底、描、染、修。"放"包括：风、线、放、调、收。而这"四艺"的综合运用就要达到风筝的设计与创新的水平。

2. 皮影戏

皮影戏又称"影子戏""灯影戏"，是一种以兽皮或纸板做成的人物剪影，在灯光照射下用隔亮布进行演戏，是中国民间广为流传的傀儡戏之一。表演时，艺人们在白色幕布后面，一边操纵戏曲人物，一边用当地流行的曲调唱述故事，同时配以打击乐器和弦乐，有浓厚的乡土气息。皮影戏是中国民间古老的传统艺术，老北京人都叫它"驴皮影"。据史书记载，皮影戏始于战国，兴于汉朝，盛于宋代，元代时期传至西亚和欧洲，可谓历史悠久，源远流长。它是用牛皮、驴皮、马皮、骡皮，经过选料、雕刻、上色、缝缀、涂漆等几道工序做成的。

四、反思

一场场演出播撒着快乐的种子，传递着欢乐的正能量；一次次培训教授着文化的技艺，传承着历史的文明。两年的项目虽然结束了，但每每回想起授课现场热烈的气氛，残疾朋友与文化志愿者的积极互动，大家都激动不已。每次培训结束，残疾朋友对文化志愿者认真授课的感激之情、对传统技艺的热爱和对美好生活的信心，常常映入大家的眼帘。每次活动都不断地激发着文化志愿者服务弱势群体的深入思考。

该活动的最初想法是，让大兴区温馨家园的残疾朋友了解非遗项目，能够掌握一技之长，为引导残疾人自主创业奠定基础，为残疾朋友的就业开辟新的方向，让他们也能用自己的双手去创造美好幸福生活；同时，在一定程度上实现非遗文化、传统技艺的传承，促进公共文化服务更广泛、更深入地覆盖残疾人群。

文化志愿者以十分的努力、百分的热情服务于该项活动，接受培训的残疾人朋友积极参与，快乐实践，激发了我们对该项目的深入思考，不断地反思与总结经验，期盼文化助残志愿服务活动质量能得到有效地提升，今后更好地组织文化志愿者有效地开展针对残疾人等弱势群体的志愿服务。

首先，完善文化志愿者基础培训体系。在助残方面，加强对文化志愿者的助残志愿服务培训，做好广大文化志愿者针对残疾人开展志愿服务的基础培训工作，如"平等、参与、共享"的新残疾人观、残疾类别和分级等基础知识、助残的礼仪规范技能、志愿者和志愿精神的内涵和特征等。使文化志愿者在服务过程中，更为得心应手，行之有效，更好地开展助残服务，传播志愿精神。

其次，推动"文化助残"活动质量不断提升。深度挖掘文化志愿者的专长，充分发挥志愿者助残志愿服务的积极性，深入研究探索适合文化志愿者开展的助残项目，充分利用志愿者所具备的专业技能，如声乐、书画、舞蹈、非遗技艺、音乐疗法等，组织多元化、多层次的志愿服务活动，以有助于残疾人在运动、认知、语言、社会适应等方面的康复训练，增强残疾人的生活自信心，提高残疾人就业和创业能力，促进残疾人的社会参与和融合。

再者，加强文化助残资金扶持力度。组建区域文化助残专业志愿服务团队，培育符合区域特点的文化助残品牌，支持有助于提高残疾人参与社会文化活动的文化助残项目。与镇街的文体中心、文化站对接，或在温馨家园建立文化助残志愿者联络站，使更多的文化志愿者便于开展文化助残服务，推动文化助残向社区、机构和家庭延伸，促进文化助残志愿服务工作走向专业化、规范化。

最后，充分发挥政府的主导作用。依托政府的文化建设政策与支持，将适合残疾人文化需求和志愿服务项目纳入区域公共文化服务体系建设，积极改善残疾人参与文化生活的环境条件，满足残疾人群体的基本文化需求，为残疾人提供基本均等的文化服务。加大研究力度，使残疾人公共文化服务体系建设更加科学，更加完善。同时，将残疾人文化事业纳入宣传大局，营造理解、尊重、关心、帮助残疾人的舆论氛围。充分利用"全国助残日""雷锋日""国际残疾人日""国际志愿者日"等重要时机，增强宣传的广度和深度，扩大宣传的社会覆盖面和影响力。

五、案例评析

该案例是一项非常有代表性的文化助残志愿服务活动，也是目前大力提倡的助残方式之一。活动组织单位根据大兴区的文化发展战略要求，依托区域历史文化优势，组织专业的非遗文化志愿者向残疾朋友讲授风筝、剪纸、皮影等非遗文化，并通过讲座、参与、体验等多种残疾朋友喜闻乐见的方式，志愿组织本区域残疾人参与文化活动，使残疾人共同参与到本地区的文化建设活动中。该案例有设计，有组织，有实施，有反思，比较清晰地展现了文化助残志愿服务活动，以及每个阶段的不同活动内容和形式，较好地促进了本区域残疾人文化建设工作。

该案例的活动设计依托区域文化建设重点，注重提升区域残疾人文化形象。助残活动准确地抓住了"助残日"这个助残活动的有利时机，并结合本区文化发展战略需求，特别是抓住了"2016世界月季洲际大会"的契机，向世界展示中国传统文化和中国残疾人参与文化生活的精神风貌，不仅为残疾人提供了参与文化活动的机会，更是向世界展示中国残疾人参与社会生活的状态，也为第二年的文化助残志愿服务活动的开展奠定了实践基础。

活动内容的选择注重本区域历史文化的挖掘，也注重文化活动的可参与性。活动内容选择紧密结合大兴区文化建设与发展。大兴区是离北京最近的郊区，而且位于北京的最南端，随着北京市城市建设的发展，尤其是新机场的规划，加快了大兴区的建设步伐和发展，特别是文化建设工作，"文化大兴，大兴文化"已成为大兴发展的主要政策之一。活动内容选择依托大兴的浓厚文化历史。大兴是一个拥有悠久历史的城区，蕴含着古韵悠长的文化遗产，南海子文化、永定河文化、大兴地方戏、传统民俗等已成为大兴文化的标志。活动内容选择紧扣群众文化生活。"2016世界月季洲际大会"是当时大兴区内规模比较大的文化活动，也应该是每个大兴人都想参与的活动，风筝、剪纸、皮影戏也是家喻户晓、老少皆宜的传统文化，这些活动都非常有助于残疾人的社会融合和社会康复。

活动形式既考虑文化活动的专业性特点，又充分考虑了残疾人文化需求可接受的群众性特点。为了更好地向全区残疾人宣传和普及非物质文化理念和技艺，采用风筝制作、剪纸制作、皮影制作等知识性的讲座与培训；为了让残疾人充分参与到非物质文化活动中，组织了风筝放飞、剪纸操作、皮影戏演出观摩、皮影戏演出互动、皮影戏后台参观、皮影戏演出体验等活动，加深残疾朋友对这些非物质文化项目的深刻认识和深度体验，激发他们热爱生活、参与生活、追求美好生活的信念和信心。

活动安排既考虑了传统文化推广的活动面，也考虑了残疾人文化生活需求的社会融合的点。首先，动员和组织对于文化志愿服务非常有经验的杨利平、李铭，非遗项目代表性传承人李铭、牛继飞、吕铁智作为文化志愿者，承担技艺培训岗位的技艺培训工作，还组织了其他志愿者承担培训组织、演出服务、后勤保障等岗位的志愿服务工作。其次，先试点后铺开，有组织地开展助残活动，2016年举办的"月季花开　爱满人间"文化助残活动虽然是面对全区进行宣传，实施时还是先选择了有一定基础的兴丰、观音寺、清源3个街道温馨家园；2017年在2016年活动基础上扩充到在黄村镇、西红门、庞各庄、林校路街道、清源街道、兴丰街道、观音寺街道、天宫院街道8个镇街的温馨家园和200名残疾人。再次，残健融合共同开展助残志愿服务，在志愿者的组织方面，不仅有像杨利平、李铭、牛继飞、吕铁智等这样专业的文化工作者，还组织了"小蚂蚁皮影艺术剧团"的残疾人演员担任志愿者。正是这样严密的组织和安排，使得文化助残活动每次都能延续三个月之久，而不是仅仅在"助残日"的时候活动，而是将有助于残疾人融合社会和社会康复的文化活动持续进行。

活动的成功举办有赖于组织者的精心设计，更有赖于文化志愿者的专业支持。首先，组织者对活动的深入思考和精心设计，比如紧密结合大兴区文化建设主导政策、抓住"世界月季洲际大会"的举办、依托区域非遗文化项目等。其次，志愿者的组织，充分发挥专业志愿者的专业特长，开发所有志愿者的潜能，同时对志愿者进行专业的助残理念与知识的培训，使他们从理念和行动上深入理解残疾人，传播助残志愿理念，播撒社会人文关怀。再次，依靠政府的主导作用，大力宣传助残理念，搭建适合残疾人特点、满足残疾人需求的文化建设平台和环境。最后，有关注残疾人的基层残联组织，大兴区残联专注于区域残疾人事业发展，为残疾人的康复、教育、就业和文化生活搭建发展的平台和环境，让大兴区的残疾人跟上区域内的发展，共享城区建设成果。

文化助残是残疾人追求美好生活的重要途径，应该成为一种长效机制。大兴区的文化助残活动紧密结合区域内的文化建设平台和环境，为残疾人参与社会文化生活，推动社会融合提供了可以借鉴的经验，祝愿大兴区的文化助残不断发展，能够成为大兴区文化建设中的品牌。

案例二："人人享有康复"引领助残志愿服务

北京市房山区京东残障康复园

一、康复园简介

北京市房山区京东残障康复园（以下简称康复园）位于城关街道顾册村西，建于 2006 年 7 月，从建园时只有 10 间平房和 20 平方米的工疗站，已发展到了目前总占地面积 5000 多平方米、建筑面积 2000 平方米、工作人员 12 名的具有一定规模的康复园。

康复园主要为城关街道辖区内的残疾人提供服务，组织辖区内残疾人的各类活动，是残疾人服务体系的基层支持平台。城关街道所属辖区内目前有残疾人 3142 人，其中，视力残疾人 249 人，听力残疾人 244 人，言语残疾人 21 人，肢体残疾人 1841 人，智力残疾人 265 人，精神残疾人 357 人，多重残疾人 165 人。

康复园在北京市残联、房山区残联和城关街道工委办事处的支持，以及全体员工共同努力下，围绕"人人享有康复服务"的目标，坚持一切为残疾人着想的信念，以扎实有效的工作为辖区内残疾人提供优质的康复服务。康复服务以残疾人的基本文化生活服务为主，涉及残疾人的生活自理、康复基本知识、职业技能、文体活动、休闲活动等，极大地增强了辖区内残疾人参与社区活动的信心和积极性，为提高残疾人的生活乐趣和生活质量搭建了一个资源平台。

康复园自建园以来共服务残疾人 156385 人次，仅 2017 年组织各类活动 135 次，受益残疾人 7845 人次，受到了各类残疾人、各级领导和社会各界的好评。

知识链接：康复

康复，指综合地、协调地应用医学的、社会的、教育的和职业的措施，对残疾人、急慢性病损和老年病所致功能障碍者进行功能训练，使其功能能力达到尽可能高的水平，以减轻残疾的影响，重返社会。它包括四个领域：医学康复、教育康复、职业康复和社会康复。

二、活动组织与实施

（一）指导思想

康复园创始之初，创始人以"庇护工厂"的方式，作为起初理念开始着手创建，希望协助辖区内的残疾人，让他们在这里能够学习职业技能，掌握能够支撑生活的就业能力。初始阶段"庇护工场"的方式成功地帮助了一些残疾人就业。

但是一名精神残疾人的案例对于我们日后开展残疾人康复服务活动的方式与方法起到了很大的推动作用。这位残疾人是一名精神残疾人，名字叫丽红（化名），她由于抑郁而难以与人交流。开始我们主要是对其进行劳动技能训练，但是她的抑郁状态改善得不是很明显，后来我们又请来了精神方面的专家定期为丽红进行心理咨询。很快，丽红抑郁状况有了明显的改善，因为丽红病情的明显好转，职业技能学习进步也非常明显。现在丽红已经回归社会，能够和同事交流，在单位里能够遵守各项规章制度，因为表现较好还经常受到领导的表扬。这个案例，鼓舞了我们继续开展残疾人康复的信心，同时也让我们认识到，仅仅对残疾人进行职业技能的训练是远远不够的，必须综合考虑残疾人生活当中与就业相关的方方面面的影响，更使我们认识到了残疾人康复要进行综合的、全面的康复，特别是要有针对性。

1. 基于能力开展康复服务

能力是一个人完成一项目标或者任务所表现出来的综合素质，具有个体差异性。对于残疾人来讲，每个人的能力表现差异性更大，因此在为残疾人提供康复服务时，如何根据残疾人的能力提供适合的服务是我们首要考虑的问题。通常，对于来到康复园的残疾人，我们会通过一些简单的劳动来观察他们的能力状况，或者通过家属的介绍了解其基本能力状况，然后由康复员按照其能力水平分配工作任务。在工作过程中，尽可能按照健全人的标准要求其完成，使其以一个社会人的角色完成劳动任务，进而达到劳动康复的训练目的，协助残疾人通过自身努力，早日康复。

康复园为前来康复的每一位学员从基本能力、职业人格、职业适应及职业技能四方面进行评估，制订康复计划，建立康复训练档案。其中，视力残疾人主要开展定向寻走训练；肢体残疾人开展运动功能训练、生活自理、社会适应训练等；智力残疾人开展运动能力、感知能力、认知能力训练等；精神残疾人开展社会适应训练、公疗等训练。通过开展康复训练，增强残疾人的自我认知能力，强化残疾人心理健康疏导，帮助残疾人树立端正的世界观、人生观和价值观。

2. 基于生活开展康复服务

生活，广义上是指人的各种活动，通常包括日常行动、学习、工作、休闲、社交、娱乐等活动，还包括个人生活、家庭生活、社会生活等。为了更好地且有质量地生活，每个人每天都在努力奋斗，为的就是能够过上美好的生活。追求美好生活是每一个人的愿望，也是每一位残疾朋友的愿望。随着人们生活水平的日益提高，人们的休闲时间也越来越多，因此人们也就有了更多的时间去休闲和娱乐。为了丰富生活内容，人们或者参加体育活动，或者参加文艺活动。为了让残疾朋友也能像普通人一样休闲与娱乐，我们在每个月的月初，邀请有不同特长的志愿者朋友到康复园向残疾人朋友传授技能，或者与他们一起开展各种文体活动，比如篮球、乒乓球、门球、卡拉OK等娱乐活动是我们经常开展的活动。通过这些活动，残疾朋友不仅锻炼了身体，培养了业余爱好，更重要的是，通过这些活动，这些残疾朋友能够与更多人进行交流，能够敢于表达和表现自己，提高了参与活动的意识，体验了生活的幸福，感受了与社会互动与交往的快乐，同时他们深深感到党和政府与社会的温暖。

广场健身舞正越来越受到社会各界的关注和重视，成为城市文化生活中不可或缺的重要形式和内容。康复园根据广场舞这一特点，每周组织残疾人朋友练习广场舞，并邀请亲属到场观看。亲属到场观看，为康复对象搭建了展示自我的平台。通过展示，残疾朋友增强参与的信心，从而能够在业余时间参加到社会活动中，与社区、村的广大广场舞爱好者一起享受广场舞带来的快乐和健身的作用。

3. 基于需求开展康复服务

残疾人的需求是什么？可能不同的人能说出不同的需求，当我们从志愿服务的角度去考虑，到底残疾人需要解决的需求是什么，这个问题对我们是一个非常大的挑战。辖区内的残疾人几乎包括所有残疾类型和残疾级别，为其提供适宜的康复服务更是我们面临的最大挑战。康复的最终目标是使残疾人能够重返社会，与全社会人民一同建设美好社会，一同共享社会劳动成果，一同幸福快乐生活。在现实生活中，由于每个人的生活条件不同，生活需求更是具有很大差异，残疾人由于残疾类别不同，残疾级别不同，生活状况不同，生活需求更是存在巨大差异。为了让不同残疾类别和不同残疾级别的残疾人，能够得到适宜的康复服务，尽可能满足其在生理上、心理上、职业上和社会生活上的康复需求，帮助其最大限度地尽快重返社会，我们组织志愿者每天进行残疾人状况和需求的档案记录工作，对于残疾人出现的问题随时进行记录，并把问题进行归类，对不同的问题进行不同的处理，以满足不同残疾人的不同需求。

十多年来，康复园每年举办一次白内障免费筛查活动，共计筛查超过1300人次，共为23名白内障患者实施免费复明手术；为314名残疾人提供轮椅、助行器、拐杖、护理床等辅助用具服务；为精神残疾人提供超过60次精神康复知识讲座和安全服药知识讲座，服务残疾人超过5000人次，同时康复园建有精神康复俱乐部，十多年来已经为精神残疾人提供超过2400人次的心理咨询服务。

4. 基于家庭开展康复服务

家庭是一个人婚姻关系、血缘关系或收养关系的综合体现，是人类在社会中存在的基本群体形式，是人类满足亲密关系的基本单位。家庭不仅满足人们社会化需求，更重要的还要满足情感和陪伴的需求，因此在为残疾朋友提供康复的同时，我们也非常重视对残疾朋友家庭的支持。通常，我们每季度开一次家属座谈会，志愿者在座谈会上与家属进行沟通，了解残疾朋友在家中的问题。由于沟通问题及时和有效，我们在康复服务中提高了效率，同时更加有效地调动了残疾朋友的积极性。

开展康复知识讲座，组织康复对象及家属参加，同时邀请专业康复人员对大家进行康复知识讲解，由专业人员对家属进行康复指导，开展家庭康复训练（内容有疾病知识介绍和防治处理方法）、简易康复器材的使用、康复性医疗体育训练、家务活动训练等。

5. 基于情感开展康复服务

情感是人们在从事一项工作时的态度，体现了一个人的道德感和价值感，也是对所从事工作的态度体验，这种体验是一项工作与个人心理状态相互作用的结果。情感的培养是一个漫长的、曲折的、自然的、分层次、分阶段的过程。为了保证志愿服务的效果，鼓励志愿者的正向情感体验，在康复服务过程中，我们积极倡导"温馨服务"，要求在为残疾人提供服务时，要做到"7个一点"：即"学习勤一点，敬业强一点，笑容多一点，声音柔一点，胸襟宽一点，工作细一点，标准高一点"。细致、温馨、周到的服务，赢得了广大残疾朋友的认可和肯定，康复园每年都接到残疾朋友家属送来的感谢信。由于残疾朋友的认可和信任，也吸引了周边乡镇的残疾朋友来到我们的康复园。目前，我们的康复服务对象已超过60人，同时每年来园参加文体活动和康复训练的残疾朋友都在1300人以上。

（二）基本思路

康复园"庇护式"职业技能训练虽然支持了一些残疾人的就业和生活，但是随着不断地理论学习和实践探索，我们深深感到帮助残疾人重返社会仅仅依靠职业技能训练是远远不够的，还需要综合考虑残疾人适应社会方方面面的需求和困难，因此，在原有职业技能训练基础上，我们继续扩大服务范围和领域。

1. 建设各类服务设施

京东康复园建站之初只有 10 间平房，一个 20 平方米的工疗站，可以说康复设施简陋，这样的条件是很难满足残疾人的需求的。经过几年的坚持和努力，慢慢地扩大房屋设施，现在康复园已拥有房屋两千多平方米。几年来，康复园先后投资一百多万元，建起了能容纳 100 人的多功能厅、养老助残超市，可容纳 80 名残疾人的职业康复劳动站，建筑面积从 500 平方米增加到现在的 2000 平方米。目前职业康复劳动站可以满足残疾人的多种职业劳动需求，比如信封制作、名片制作、折纸壳、服装缝纫等，还有糊信封、外送桶装水、产品外包装制作等项目。除多功能厅、养老助残超市和职业康复劳动站外，康复园还增设了肢体康复训练室、生活技能训练室、精神康复俱乐部、图书室、辅具器具服务站、法律服务工作站等室内设施。室外增设了综合健身广场，设有篮球场、盲道、无障碍设施、残疾人健身器材等设施，还有为健全人和残疾人开展篮球、羽毛球、文艺表演等各种文体活动用的场地。京东康复园目前已建成一家综合性康复场所，硬件设施初步达到规范。2010 年，房山区残疾人辅具器具服务中心在康复园内落成，康复园硬件设施更加完备。

2. 建立各项规章制度

规章制度是体现所有人员在工作中必须遵守的行为规范，是志愿服务运行过程中必须遵守的重要管理依据，也是志愿服务平稳高效的保障。自建园以来，康复园十分注重制度建设，用制度规范行为，先后制订了理事会会议制度、志愿者管理、日常行为规范、劳动用工、考勤、档案管理、安全管理、财务管理等 20 多项制度和行为准则。几年来，康复园没有发生一起安全事故或责任事故，保障了残疾人康复服务的质量和效率。

3. 提供多元化助残服务

残疾人康复需要提供多方面的、综合的康复服务，以达到重返社会的目标。为了给残疾人提供高质量多元化的助残服务，康复园积极联系爱心人士组建志愿者队伍，为残疾人提供志愿助残服务。比如依托北京市慈善义工联合会平台，引进北京市慈善义工联合会的义工队为残疾人提供服务；为了保证残疾人的康复专业化，聘请经验丰富的康复专家、医学专家到康复园进行知识讲座，并对志愿者进行业务培训和指导。康复园根据残疾人需求制订了每周温馨家园活动内容，开展适合残疾人参与的文体活动，组织残疾人开展唱歌、文艺演出、体育比赛、看电影、下棋、打扑克等活动。为了丰富残疾人的文体活动，给残疾人提供展示自我的平台，康复园组建了"门球队""柔力球队""小合唱队"等残疾人文体团队，组建的百名残疾人柔力球队成功在 2012 年全区第二届残疾人运动会上进行了团体操表演，2011 年、2012 年连续两年参加了全市优秀残疾人文体成果展示交流活动。这些活动的组织和开展，促进了康复园助残服务工作朝着日常化、制度化、规范化方向发展。

康复园志愿者服务队成立以来，每年都协助组织残疾人外出参观，先后到过北京奥林匹克公园、中国人民抗日战争纪念馆、八达岭长城、河北省冉庄地道战遗址等 10 余处旅游景点；举办了十多次联欢会、趣味体育和各类康复活动等活动。特别是 2008 年举办了迎接北京残奥会倒计时 100 天和庆祝胜利闭幕活动，这次活动使康复园的助残志愿服务活动快速发展。2009 年，康复园代表房山接受了市残联社区康复检查验收并受到了好评，为房山区被评为全国社区康复示范区做出了应有贡献。不仅如此，康复园还多次承接区残联重大助残活动，如 2009 年初的房山区"两节"走访慰问活动启动仪式、2010 年房山区残疾人辅助器具服务中心落成仪式和 2013 年在康复园举行的全区助残日活动。

这些助残活动饱含着志愿者的辛勤汗水。自 2016 年 7 月至 2018 年 2 月，康复园共计活动 198 次，服务各类残疾人 9900 人次。房山区城关街道现有残疾人 3070 人，得到助残服务的残疾人有 1586 人，占全街道残疾人 51%。为检验助残服务是否得到残疾人的认可，康复园每季度发放满意度调查表 20 份，自 2016 年 9 月至 2017 年 9 月，共发放满意度调查表 80 份，回收 80 份，回收率 100%；其中对助残服务满意为 80 份，满意率为 100%。

4. 培育助残服务品牌

助残服务品牌是在助残服务过程中满足残疾人需求的一种特殊服务形式，其中既体现了我们的助残服务理念，也践行着我们的助残服务行为、志愿者的形象、助残服务理念的传播、助残服务的规范化管理。为了打造康复园的服务品牌，康复园主动进行机构的深化改革。经理事会决定，先从参与法人注册开始，积极参与购买政府专项服务；同时成立康复园党支部，以"新时代、新任务、新作为"为工作指导思想，积极倡导党建引领助残服务，引导全员上下统一思想、振奋精神,以实际行动贯彻落实党的十九大精神,为培育助残服务品牌奠定思想基础。

(1)提炼助残服务理念

通过市残联的多次培训,我们逐渐明确了在助残服务过程中应树立现代残疾观,即"平等、参与、共享"的残疾人观。

(2)设计助残服务标准

一是强调志愿者服务的"7个一点",即"学习勤一点,敬业强一点,笑容多一点,声音柔一点,胸襟宽一点,工作细一点,标准高一点";二是注重被服务对象残疾朋友的反馈,主要是开展助残服务满意度的调查。

(3)树立助残服务形象

在助残服务过程中注重每个活动的宣传或海报,让更多的人了解我们的助残服务,传递我们的助残服务理念和内涵。

(4)策划助残服务影响

为了让社会各界和更多的残疾人了解我们,积极承担政府助残采购项目、助残日主题活动,还有助残的重大活动等。

(三)特色助残服务项目

1. "温馨家园"专业助残志愿服务项目

"温馨家园"专业助残志愿服务项目是依托北京市残联2014年、2015年、2016年、2017年连续四年的政府购买服务项目,该项目的目的就是在温馨家园覆盖地区建立示范温馨家园助残志愿服务试点基地,在基地中成立助残志愿者服务队,为到温馨家园活动的残疾人提供文化娱乐、日间照料、生活技能培训等志愿服务内容,已为多名残疾人提供上门志愿服务。

(1)项目设计的政策依据

一是《北京市市民居家养老(助残)服务("九养")办法》。该办法强调要构建以家庭为基础,社区为依托,政策保障为主导,社会化运作为方向的居家养老(助残)的一体化服务体系,引导和支持社会力量拓展满足残疾人及其家庭特殊需求的服务项目,不断完善服务标准,规范服务行为,做实做好居家助残服务工作。

二是共青团中央、中国残联联合下发中青残发〔2014〕7号《关于实施中国青年志愿助残"阳光行动"的通知》,在工作要求的第二项提出,"完善政策,强化保障。积极争取文明办、财政、民政等有关部门支持,将志愿助残纳入政府购买公共服务工作范畴";为残疾青少年开展"日常照料、就业支持、支教助学、文体活动、爱心捐赠"等方面的助残志愿服务工作。

三是围绕共青团中央中国青年志愿者助残"阳光行动"的服务目标,结合中国志愿服务联合会"邻里守望"志愿服务项目,根据中国残联打造"中华志愿助残阳光使团"和北京市残疾人联合会加强温馨家园规范化建设的工作要求,以示范残疾人温馨家园为载体,开展实施专业助残志愿服务及组织培育项目。

(2)项目的实施过程

在温馨家园助残志愿服务试点基地,每个试点基地的志愿者人数为30人,其中包括领队2人,工作人员28人,志愿者进行助残服务培训，让志愿者在服务他人、奉献社会中收获了成长和进步。同时，加强项目宣传。积极做好项目各项活动的宣传，营造全地区扶残助残和残疾预防良好氛围，使全地区残疾人享有更好的助残疾服务，进一步满足残疾朋友康复需求，促进地区的和谐稳定，建设营造良好的社会氛围。

（3）服务项目及活动内容

① 常态化志愿服务：在温馨家园为残疾人提供文化娱乐，如放电影、唱歌、洗车、清洁桌椅等生活技能训练，邀请有关康复专家为残疾人在温馨家园举办康复知识培训。

② 提供上门服务：根据残疾人的需求，提供上门帮扶服务，提供居家服务，例如有些残疾人腿脚不方便，我们会定期到残疾人家中帮助他们清洁卫生、洗衣做饭、陪老人聊天、到超市买一些生活所需品。30名志愿者帮扶20户残疾人家庭，每月上门服务每户1次，每户不少于2小时。

③ 快乐出行服务：带领10名智力及稳定期精神残疾人和3名重度肢体残疾人外出游览一次，解决出行困难问题。

④ 特色服务：两个温馨家园进行一次联欢会，为残障人士提供相互交流和相互展示的平台，提升自我价值。

（4）项目实施的效果

通过"温馨家园"专业助残志愿服务项目，成立了一支具有"平等、参与、共享"精神和充满爱心的助残志愿者队伍，有效推动了志愿服务工作在基层、在温馨家园落地生根、开花结果，并形成长效机制。这些助残志愿者，走进社区，走进温馨家园，走进农村，走进残疾人的家，用自己所长和爱心及热情，服务了需要帮助的残疾人，使残疾朋友在生活和出行等方面得到实实在在的帮助。"温馨家园"项目，不仅帮助残疾人解决了实际困难，更让志愿者在服务他人、奉献社会中收获了成长和进步，经过几年的努力取得突出成绩。

案例：林雪（化名），女，42岁，二级肢体残疾人，靠政府的补贴援助生活，没有其他的生活来源，家庭条件较差。因行动不便，平时与外界交流机会很少，生活兴趣减退，自我价值感较低。出行的问题在残疾人身上是普遍发生的，而"温馨家园"项目，初衷就是帮助像林雪这样的残疾人解决实际困难。项目组决定安排大家到北京动物园"快乐出行"游览一天，让没有机会走出家门的残疾人朋友能够享受党和人民政府的关心和温暖。在车上，大家一起唱歌，一起做游戏，脸上充满着灿烂的笑容。

以下内容根据受益人实际采访实录编辑：

北京动物园是我多年的梦想，因为自身条件，这个梦想我一直无法实现。今天，朋友们用轮椅推着我走进了这个神秘而美丽的大门，我在这里看到很多之前只能在电视上、画册上才能看到的动物。令我最激动的是，当志愿者推我走进海洋馆参观时，我感觉我置身在雨林中，我看到了神秘的海底世界。我很快乐，感谢志愿者，感谢残联。

2. 残疾人门球推广项目

门球是指在平地或草坪上，用木槌击打球穿过铁门的一种室外球类休闲项目。门球项目规则简单，有趣轻松，经济实惠，通过门球活动可以激发脑力，促进身心健康，是老少皆宜的运动休闲项目。同时，门球这一运动占地少，花费省，技术简单且安全，比赛时间短，运动量不大，是非常适合轻度肢体残疾人、视力残疾人、听力残疾人、轻中度智力残疾人和稳定期精神残疾人参与的体育锻炼。

（1）项目设计的政策依据

主要是北京市残联颁发的《关于加强残疾人文化建设的实施意见》。该意见中强调："文化是民族的血脉，是人民的精神家园。"社会要为残疾人提供均等的公共文化服务和个性化的文化服务，街乡镇残联要就近就便带领残疾人开展文化体育活动，使残疾人走出家门，融入社会。

（2）项目的实施过程

2013年，依托康复园的平台，开始组建房山地区的第一支残疾人门球队——京东残障康复园门球队，开创了残疾人门球运动的先河。门球以其独特的趣味性、康乐性和一定的竞技性，带给残疾人无穷的乐趣，活动一开始就受到了广大残疾朋友的欢迎，吸引了众多残疾朋友的参与。

通过积极的训练，以及教练员和残疾朋友的努力，京东残障康复园门球队很快在房山地区的门球界崭露头角。此后，康复园以京东残障康复园门球队为基础，开始推广残疾人门球运动。现已推广到房山区9个乡镇，涉及城关、拱辰、长沟、韩村河、周口店、河北、阎村、窦店、史家营等乡镇，已成立了15支球队，队员达到105人。

同时，京东残障康复园积极参与举办残疾人门球比赛，希望通过比赛为房山地区的残疾朋友搭起沟通与交流的平台。目前，康复园已组织了 20 场比赛，其中参与举办"京津冀"残疾人门球邀请赛 3 场，房山区残疾人门球赛 5 场，主办残疾人门球推广赛 13 场。通过组织和推广残疾人门球运动项目，残疾朋友在各类比赛中取得了优异成绩，加强了残疾人门球队伍建设，促进了残疾人体育文化建设。

（3）项目实施的效果

通过组建残疾人门球队和推广残疾人门球运动，丰富了残疾人的日常娱乐活动，给残疾人带来无穷的乐趣，培养了残疾人团队意识和合作精神，营造了愉悦与快乐的生活环境。通过积极推广残疾人门球运动，促进了残疾朋友之间的交流，希望把残疾人门球项目打造成房山区，乃至北京市的一个品牌。

案例：残疾人李德（化名），肢体一级残疾，因一场车祸造成了左腿截肢，康复出院后虽然佩戴了假肢，行动起来看上去不是那么舒服和自然。由于活动不便，曾经爱好健身的他，心理负担越来越大，甚至不愿走出家门去遛弯散步，与外界交流机会越来越少，自卑心理加重，生活兴趣开始减退，自我价值感较低，给其亲属也带来了很大的负担。其亲属得知康复园组建残疾人门球队后，便鼓励其走出家门，参与这项运动。他抱着试试看的想法，走进了残疾人门球队训练班。通过教练、队员和志愿者的帮助，李德从击球、过门开始练习。在训练过程中，他的兴趣逐步提升，开始与教练、队员和志愿者交流门球心得，渐渐地开始喜欢上了这项运动。训练班定于每天早上 8 点半开始训练，李德每天 7 点就早早来到门球场开始练习，并与在门球场共同活动的门球爱好者们进行交流。很快，李德的门球水平得到了较大的提升，渐渐也成了残疾人门球队的主力队员，并随队参加各项赛事，成绩也是名列前茅。在参与门球运动的同时，李德现在已经成为一名残疾人门球项目的推广员，积极推动残疾人门球运动，为残疾人体育事业贡献自己的力量。

知识链接：盲人门球

盲人门球运动是专门为视力障碍者设计的一项集体性球类项目，需要盲人运动员根据触觉和听觉来确定自己在场上的位置、方向，以及球的方向、速度。该项运动集安全性、竞技性和观赏性于一体，既突出运动员个人技术又强调团队配合。在运动员比赛中要保持绝对的安静，以免影响场上运动员对来球方向的判断。

三、反思

康复园成立以来，一直坚持人性化管理和专业化服务的理念，在助残专业化队伍成长及助残专业化服务方面取得了一些成绩，主要有：2008 年北京残奥会期间被定为接待外国残疾朋友的单位之一，同时被评为北京奥运会、残奥会先进集体；2009 年被评为市级示范型温馨家园；2011 年被评为 4A 级社会组织和北京市居家养老（助残）服务规范化建设单位；2012年被评优秀社会组织和残疾人服务组织先进单位；2014年、2015年、2016年成功购买政府服务，被评为阳光助残志愿服务站，获得市区残联和残疾人的好评；2015年晋升为5A级社会组织；2016年获得北京市志愿服务大赛金奖；2017年获得第五届"中国梦·义工情——寻找北京最美慈善义工"大型文化系列活动"十大榜样团体奖"；2017年北京市民政局社会组织诚信建设争创单位。这些成绩的取得，不仅有市残联和区残联的帮助，也有康复园全体人员的爱心与团结，更有广大残疾朋友的热情支持和鼓励，特别是康复园的创始人张东园长的坚持与努力。

1. 园长热心残疾人事业

张东，2004年担任城关街道残联理事长以来，在区残联和街道工委、办事处的正确领导下，心装真挚情怀，奋发担当实干，团结同志，创新思路，扎实工作，努力为残疾人服务、谋福祉。在他的带领下，十多年来城关街道残疾人事业迈上了一个新台阶，各项工作走在了房山区乃至北京市的前列。城关街道残联2006年被评为房山区第二次全国残疾人抽样调查突出贡献单位，2008年被北京市残工委评为北京奥运会、残奥会先进集体，2011年张东同志被评为北京市优秀残疾人工作者。其主要事迹如下：

（1）学深吃透各种政策，确保辖区困难残疾人得到有效保障

张东在极短的时间内学深吃透市区残联出台的各项优惠政策，并迅速传达到村（社区）残疾人协会（以下简称残协），确

保了辖区残疾人在政策上没有出现任何死角，实现应保尽保、应享尽享。对因病因灾特困残疾人困难问题，积极争取各级领导支持，广泛动员社会力量出资捐助，使这些残疾人基本生活得到了有效保障，十年来争取临时救助资金35万多元。

（2）积极协调城关地区社区卫生服务中心，率先在全区推行肢体残疾人免费康复训练

针对绝大多数有康复训练需求的残疾人，张东积极协调城关社区卫生服务中心，将有偿肢体康复训练改为无偿康复训练机制，受益肢体残疾人超过260名。同时注重抓好家庭康复，有力营造了社区康复与家庭康复良性互动的浓厚氛围，使全地区残疾人康复率达到95%以上。

（3）积极探索支持性就业，在全区率先尝试残疾人职业康复劳动项目

积极借鉴我国台湾地区、香港特区等地的支持性就业经验，2006年创办了房山区京东残障康复园，选择了适合残疾人的劳动项目，为智力和稳定期精神残疾人职业康复劳动创造了很好的条件，取得了很好的效果。随后，又建起北关、洪寺两所温馨家园和北关村扶贫基地，本地区100人以上智力和稳定期精神残疾人、三十多名残疾人长期活跃在3所温馨家园和扶贫基地里，90%以上有活动需求的残疾人能够参与温馨家园举办的各项文体活动。

（4）积极开展适合残疾人特点的文体活动，率先在全市开展残疾人门球体育活动

广泛开展了适合残疾人特点的象棋、乒乓球比赛，趣味运动

项目等各类文体活动，特别是组建了100人的轮椅柔力球队，并取得优异成绩。2013年在全市率先组织了50人7支残疾人门球队伍，填补了北京市门球运动没有残疾人参加的空白。

（5）进一步加强作风建设和制度建设，身体力行倡导温馨服务

张东始终绷紧廉洁自律这根弦，自身率先垂范，严格要求自己，并建立健全多项管理制度，始终怀着对残疾人的真挚情感，逐步形成了一套"温馨服务"工作守则，在全地区残联系统内营造了风清气正的良好廉政氛围。

2. 志愿者热心志愿服务

（1）加强自身学习，倡导温馨志愿服务

康复园志愿服务者利用业余时间，学习《助残志愿服务手册》《助残志愿服务实务指南》并利用志愿北京网上平台在线课堂进行学习，同时学习志愿服务先进事迹来完善服务能力，提高服务水平。并开展志愿者经验交流会，相互分享各自服务案例，探讨志愿服务经验，携手共进，共同进步。助残志愿服务虽给残疾人带来不了更多的实惠，但通过这一点一滴的志愿服务，却能把温暖带给每一个残疾人及其家庭，所以志愿者的一言一行就显得相当重要。倡导温馨服务，使残疾人感到社会的温暖。

（2）以满足需求、重实效为出发点，做好志愿助残服务

康复园志愿者感觉到，有些残疾人自卑感还相当强，需要关心和关爱，但不能盲目服务，否则会适得其反。志愿者从实际出发，认真了解残疾人需求，并及时进行总结归纳，发挥各自

优势，提供有效、及时"一帮一或多帮一"的志愿者服务。例如行动不便的残疾人，出行困难是最大的困扰，志愿者们为其提供上门服务，帮助解决出行困难，或者提供外出代办业务等服务；精神残疾人状态不稳定时，志愿者会及时与其或家人沟通，邀请其由家人陪伴到园内精神康复俱乐部进行心理辅导，或者志愿者上门为其进行心理疏导服务；康复园自筹修理工具，当残疾人有需求时，提供上门修理服务。针对管道堵塞问题，康复园去年新购置管道疏通机一台，上门为残疾人家庭提供管道疏通志愿服务。

四、案例评析

本案例介绍京东残障康复园在"人人享有康复服务"理念引领下，有思路、有路径、有方法地开展工作，坚持十几年组织助残志愿服务，为提高辖区内残疾人生活质量、融入社会起到了支持与帮助的作用。作为一个建园十几年的康复机构，在助残志愿服务过程中，能够有效依托政府，大力依靠志愿者，关注残疾人的基本生活需求和生活质量需求，将助残志愿服务做得有声有色，较好地促进了辖区内残疾人志愿服务工作的开展。

第一，"人人享有康复服务"理念符合残疾人服务的核心定位。当一个人发生残疾后，并不意味着一个人的"人"的属性全部丧失，在一个理解、包容、合理便利的环境中，残疾人一样能够参与社会活动，甚至做出重大贡献，就像科学家霍金一样。为残疾人提供服务，就是要最大限度地帮助残疾人提高身体、精神、职业、生活等方方面面的能力，促进他们在身体、心理、社会生活、休闲娱乐等方面的潜能充分发展，帮助他们恢复像健全人一样的做人的权利。因此，在为残疾人服务时，需要深刻理解康复服务的内涵，以便为其提供适宜的服务。十九大报告中提出"发展残疾人事业，加强康复服务"，为残疾人服务，一是要理解残疾人日常生活、学习、工作方面的具体状况；二是明确残疾人在医疗、教育、职业、社会、休闲娱乐等方面的需求；三是为了消除或减轻残疾人的身心功能障碍可以提供哪些服务；四是在残疾人自身条件、环境、志愿者的能力允许的范围内可以达到的目标；五是为了残疾人能够融入社会可以整合医疗、教育、社会等各方资源为其提供服务，包括志愿者。

第二，助残志愿服务指导思想明确。我们国家规定残疾分为智力残疾、视力残疾、听力残疾、肢体残疾、言语残疾、精神残疾、多重残疾七大类，每一类残疾又分为一级、二级、三级、四级四个等级，因此残疾人的能力差异极大，生活的能力和生活需求差异也极大，每个残疾人的家庭状况差异更大，这些都是在提供志愿服务时需要考虑的。京东残障康复园的助残志愿服务基于残疾人能力、生活、家庭、需求和志愿者的正向情感体验的指导思想，确实对他们的助残志愿服务起到了引导的作用，正是这样一种指导思想引领他们从最初的"庇护"走到现在的能提供全方位的康复服务。尤其是鼓励志愿者的正向情感体验的"7个一点"服务，即"学习勤一点，敬业强一点，笑容多一点，声音柔一点，胸襟宽一点，工作细一点，标准高一点"，是志愿服务持续开展的思想基础。

第三，依托志愿者开展多元化助残服务成为有效措施。作为只有12名员工的康复机构，要满足辖区内三千多名不同残疾类别和残疾程度残疾人的康复服务是有一定困难的，但是京东残障康复园组建了一支由社会各界爱心人士组成的志愿者服务队，包括医疗康复专家、专业社工、体育工作者、文化工作者等，以满足残疾人多元化的需求。志愿者已成为开展助残服务的不可或缺的人力资源，随着我国社会文明的进步，广大志愿者以真挚的爱心、善良的义举感染并带动了社会各界、各行各业的爱心人士参与到助残行动中来。助残社会组织已成为凝聚助残志愿者的爱心服务平台，他们以服务残疾人主体为服务对象，将热心扶残助残的各界人士和残疾人朋友凝聚在一起，协调相关部门和社会力量，对残疾人开展零距离、面对面、点对点的助残帮扶活动。志愿者是社会组织做好助残服务的有力支持，他们不仅热爱生活还有强烈的责任感，通过志愿者的帮助可以增强残疾人对人、对社会的信心和生活的希望，树立自尊心和自信心，增强融入社会的归属感；通过志愿者为残疾人提供经常的、切实有效的帮助，既能解决残疾人的实际困难，帮助他们平等参与社会生活，也有助于"奉献、友爱、互助、进步"的志愿者精神在全社会传播和发扬光大，有助于良好社会风尚的形成。

第四，树立品牌意识，开发特色服务项目，树立了助残服务形象。京东残障康复园在多年的助残服务工作中，逐渐明确了"平等、参与、共享"的残疾人观，"学习勤一点，敬业强一点，笑容多一点,声音柔一点,胸襟宽一点,工作细一点,标准高一点"的"7个一点"服务要求,建立了对被服务对象残疾朋友的反馈机制,这些都是树立助残服务形象、扩大助残服务影响的基础。"温馨之家"成为培养志愿者的摇篮、提高志愿者服务技能的平台,志愿者在这里学习了如何组织残疾人的文化娱乐、如何开展残疾人日间照料、如何培训残疾人的生活技能。残疾人门球,虽然只是一个普通的残疾人体育项目,但是京东残障康复园的志愿服务品牌服务理念,不仅丰富了残疾人的业余文化生活,让残疾人体验了运动的快乐,更成为房山地区残疾人体育文化建设的一个品牌。

第五,助残社会组织志愿者资源的开发与利用。助残志愿者队伍建设,利用助残社会组织搭建志愿助残平台,吸引更多的热心扶残助残的各界人士,积极协调相关部门和社会力量,共同加入扶残助残活动中,针对残疾人多元化的需求,提供精准服务。同时,打造残疾人志愿服务队伍,让残障人士参与志愿服务,用自己的行动感恩回报社会,起到促进残健融合,回报社会的作用。

案例三：帮助他人、快乐自己的志愿情

福心公益　赵玉红

"帮助他人，快乐自己！"这句话是很多志愿者和助人为乐的人们常常挂在嘴边的话。什么是快乐？为什么帮助他人就会感到快乐？快乐，是人们从内心到外在行为所表现出来的一种非常愉悦的感觉，是一种非常开心和高兴的状态。帮助别人后，人们就会产生一种愉快的感觉、一种满足感，就像德国哲学家康德所说："快乐是我们的需求得到了满足。"

帮助他人、助人为乐、扶弱助残、乐善好施是我们中华民族的传统美德。这种美德绵延几千年，影响和感召了世世代代的中国人，更在2008年北京奥运会期间得到了发展和升华，志愿服务和志愿精神从此深深烙在人们的心中。本案例以一位受到父母爱心影响和家庭关爱之情熏陶的志愿者，以"帮助他人，快乐自己"的情怀，讲述了自己从东莞到北京一直坚持做志愿者、参加志愿服务活动的经历与感悟。

> **延伸阅读：志愿服务与志愿精神**

1. 志愿服务：又称志愿工作，广义上是指以造福近亲属以外的他人（个人和团体）或环境的所有活动；狭义上是指无偿为非营利机构工作。志愿服务有三个特点：一是不追求经济回报；二是服务出于个人自愿；三是造福于他人或社会。通常分为四个类型：一是互助或自助；二是慈善服务或为他人服务；三是参与，四是倡导与运动。

2. 志愿精神：是指自愿的、不为报酬而参与推动人类发展、促进社会进步和完善社区工作的精神，是公民社会和公民社会组织的精髓，概括起来就是为"奉献、友爱、互助、进步"。

一、背景介绍

我生长在一个充满温馨与友善的家庭中，我总是能看到父母一起忙家务的身影，总是能见到父母一起做饭的身影，总是能望到父母一起照顾生病的我的身影。在这个家中，我知道了温馨是多么多彩多姿，友爱是多么温暖幸福；在这个家中，我懂得了和谐是多么美丽动人，包容是多么至善至美；在这个家中，我看到了关怀是多么令人幸福，体贴是多么叫人舒心。在我童年的记忆里，爸爸妈妈是一对为人友善的夫妻，在父母的为人友爱行为的耳濡目染下，我幼小的心灵就被熏陶了，因此我的血液里总有一种冲动，想帮助他人。帮助他人，快乐自己！因此只要有机会，我就会积极主动地争取做志愿者和参加志愿服务活动。

二、助残志愿服务历程

2006年，我参加工作了，那是一个春天。那时我在东莞工作，每天工作之余总觉得缺点什么，总觉得应该做点什么有意义的事情，但是做什么呢？我就想到了是不是可以做一些志愿服务，为有需要的人们提供一些力所能及的帮助，以实现我从小立下的帮助他人的愿望。

我开始在网上找寻关于志愿者的信息，正巧找到了东莞拓展总队志愿者服务队，当时他们正在招募探访莞城敬老院老人的志愿者，我毫不犹豫地报了名。这个活动主要是给老人们送一些日常生活用品，帮助敬老院的老人们清洁室内卫生，修剪指甲，与老人们一起唱他们喜欢的红歌，等等。在帮助敬老院的老人时，没想到老人们非常开心，并且希望我们能够经常到他们的敬老院来。老人们开心，我们志愿者更快乐。第一次当志愿者的经历让我感到自己的小小付出能让老人们如此高兴的喜悦，更让我体验到了帮助别人时，别人开心，自己更开心。

这种快乐的体验，让我从此以后每逢周末必参加各种志愿服务活动，比如探访孤儿院、敬老院，参加环保、创卫、助学等活动，志愿服务涉及的领域也越来越多。在这些志愿服务活动中，让我感受最深刻的活动是"汶川地震时报义卖募捐的志愿服务活动"。2008年5月12日，汶川地震发生后，拓展总队和环保总队与东莞时报联合举办"心系汶川,一方有难,八方支援"的时报义卖募捐活动,经过连续五天的募捐,大概筹集了180多万款项,汇给了四川省红十字会慈善总会。为了能筹集到更多的善款,我每天在大街小巷义卖时报,虽然我的嗓子都喊哑了,但是想到为了汶川的兄弟姐妹,能多卖一角钱都让我很满足。

在担任东莞拓展总队大朗分队队长期间,我一共组织了200多次敬老、助幼和车站的志愿服务活动,被服务群体达一万多人。2019年,我被东莞市共青团委环保服务总队评为"五星级志愿者"。在东莞四年的志愿服务经历,虽然时光短暂,但是是我生命中最有价值的四年。这四年的志愿服务经历不仅让我得到了锤炼,还使一个初涉社会的青年逐渐成熟,满足了我希望帮助他人的"冲动"。"五星级志愿者"的荣誉称号不仅是对我四年志愿服务的肯定,更是我继续做志愿者和参与志愿服务的激励。

拓展阅读:星级志愿者

星级志愿者:由志愿服务组织或志愿者管理机构根据一定的星级评定标准选出,并给予荣誉标志的志愿者。北京市人民政府于2012年颁布《北京市志愿者管理办法(试行)》,其中第十七条规定:建立全市志愿者星级认证制度。注册机构根据志愿者服务的时间累计及服务评价情况,认定其为北京市一至五星志愿者。星级志愿者佩戴相应标志,同时在"志愿北京"网站进行标注和宣传。

志愿者注册后，参加志愿服务时间累计达到100小时、200小时、500小时、800小时、1000小时的，可分别被认定为"北京市一星志愿者""北京市二星志愿者""北京市三星志愿者""北京市四星志愿者""北京市五星志愿者"。

2010年，由于工作调动，我到了北京工作。虽然工作地点和环境变了，但是我的志愿情怀没变，我仍然希望能像在东莞工作时一样，业余时间还是希望坚持参加志愿服务活动。经过多方查询，我找到了一家孤儿院，名字是"365晨光宝贝之家"。"365晨光宝贝之家"属于托培机构，目前有17名孤残儿童在宝贝之家生活，这些孤残儿童都是政府托由宝贝之家照顾培养的，其中最小的一名才一岁半，最大的一名已经十七岁了。

宝贝之家地址原来在通州，后来搬到昌平的管牛庄村，2014年又搬回通州的世佳别墅，2016年搬到东坝至今。搬家的劳顿和辛苦只有赵丽萍院长体会最深，几年下来赵院长明显老了许多。宝贝之家在院长赵老师的负责下，这些孤残的孩子们生活得开开心心，快快乐乐。为了让这些孩子能够像普通孩子一样，赵丽萍院长每天都在奔波，孩子们的生活每天都记挂在她的心上，因为宝贝之家的生活费用大部分需要依靠社会捐助。那么多孩子的吃穿住行的开支，长年下来也是一笔不小的费用。但是这些压力并没有难倒赵丽萍院长，她一心扑在孩子们身上，这些懂得感恩的孩子感激赵院长对他们的关爱，每一位孩子都亲切地叫她"妈妈"。最小的孤残儿童名字叫小美。小美是一名来自新疆少数民族地区的脑瘫患儿，刚被接到宝贝之家时才七个月大，是赵院长用奶粉一口一口喂养长大的。院里的其他孩子也都像小美一样，大部分都是由脑瘫、小管瘤、小儿麻痹等导致的残疾人。每每看到这些孩子，我就无法抑制内心的冲动，希望能多为他们做些什么，让他们也能像普通孩子一样快乐成长。

　　我作为一名普通志愿者，看着宝贝之家的点点滴滴，每天都在想能为宝贝之家做点什么？经过一番思考后，我组织了几位志同道合的队友，每个月找一个周六或周日去看望孩子们。每次去看望孩子时，我们都自愿买一些生活必需品，比如棉被、电饭煲、电磁炉、毛巾、水果、油、牛奶、大米等，或者帮宝贝之家打扫卫生，教孩子们学习、画画、唱歌，讲有意义的故事给他们听，组织他们一起做游戏、猜谜语，等等。每次我们到宝贝之家，孩子们可高兴了，一看到我们进门，马上拉住我们的手，就像久别重逢的亲人似的。虽然他们都没有自己的亲生爸爸和妈妈，但他们有赵妈妈和我们志愿者的陪伴，他们的心里还是非常开心。

　　有一次，我因为工作忙，两个月没有去看望孩子们，当我一进门时，孩子们个个惊喜地、异口同声地说："哇！邵哥哥，你终于来啦！"当时我的心啊，一下子又酸又甜又羞愧，原来孩子们早已把我这个不称职的哥哥放在心里了。这就是爱！说也说不明白的爱！让你难以割舍的一份爱！正是这种爱，总让我有一种冲动，就是想和这些孩子们一起，哪怕几分钟都好。所以每次我一到宝贝之家，就开始努力地去做一些事情，比如清洁厨房、抹桌子和窗台、清洁消毒马桶、拖地，或者给孩子们洗衣服。每次搞好卫生后，我就陪孩子们打打球，让孩子们锻炼身体。然后，我会教他们画画、写字，教他们唱爱国歌曲。一段时间下来，小茹朋友已经成了宝贝之家的小歌星了，她唱歌情真意切，相当感人，特别是她唱的《我的好妈妈》，屡屡催人泪下。

谁说孤残儿童又傻又笨？宝贝之家的孩子们一个个聪明机智，让人爱不释手。特别是香香小公主，可惹人爱了！到过宝贝之家的志愿者没有不喜欢她的。为了可爱的孩子们，本来很少下厨的我经常亲手给孩子们做饭，我特意偷偷地问孩子们："邵哥哥做的菜香不香？""香！""好吃吗？"孩子们又是异口同声地喊："好吃！"

通过多年的志愿服务活动，我和我的队友们都在践行着志愿者的助残服务理念：让孩子们有尊严地生活；我付出，我快乐！在助残服务活动中，我们把孤残儿童当自己亲人一样看待，关心、爱护、照顾、帮助他们。在助残志愿服务活动过程中，为了更好地帮助那些孤残儿童，除了帮助他们解决一些日常生活问题，在与他们的接触过程中我们也逐渐摸索出一些方法与技巧，比如对于自闭症儿童要多陪伴沟通和进行心理引导；对于小儿麻痹症儿童，多带他们走动，多教他们学习一些文化知识；对于身体残疾儿童，多帮他们照顾身体并加以心理引导、知识传授等，组织他们多与其他小朋友一起活动，帮助他们建立起生活的信心。

三、反思

从 2006 年东莞拓展总队志愿者服务队的志愿者到北京的宝

贝之家的志愿者,历经十几年的志愿服务,我从开始的"爱心冲动"到后来的帮助孤残儿童的自觉行动,后来逐渐摸索出一些帮助残疾儿童的方法和技巧,我深深体会到从一名普通的助残志愿者到具有一些技能技巧的助残志愿者的艰辛和快乐,特别是心理的冲击与改变。

首先,通过志愿服务活动,我学会了总结与反思。在进行志愿服务活动时,不管工作多辛苦,在活动结束后我都会把每一次的志愿服务工作进行回顾和总结。当我把这些总结与首次参加助残活动的志愿者进行交流时,他们都认为"太有意义了"。通过助残志愿活动,我已经写下了几万字的志愿服务记录,这也将是我的一笔财富,一笔非常有意义的和有很多回忆的财富。

其次,通过参与志愿服务,我变得越来越坚强。我经常会想,尽管自己生活的条件那么好,但是还总是觉得这个不够好或者那个也不够好。自从参加孤儿院的探访活动后,那些孤残儿童深深触动了我,让我的心里完全改变了想法。这些孤残儿童虽然生活在如此逆境里,但还是对生活充满着向往和期待。在这些孤残儿童身上,我看到了自己脆弱的一面;在他们身上,我也看到了我懦弱的一面。从此以后,我重新找到了自我。从他们身上,我学到了自强,我以后会经常去看望他们。

再次,通过参与志愿服务,我总结了一些探访孤残儿童的方式。一是多了解孤残儿童的情况,针对实际情况可以对应地准备一些孤残儿童需要的物品,像一般生活必需品都是需要的物品。

二是提前培训如何更好地服务孤残儿童，尤其是不要在孤残儿童面前提起爸妈的事，以免伤害到孤残儿童幼小的心灵。不要说一些负面的事情，要讲一些积极的正能量的事例。三是不要擅自做一些让孩子们不开心的事情，而是要事先征求孤残儿童的意见和想法后，再帮助他们。四是不要私自给孤残儿童食品，因为有些孤残儿童不允许吃什么东西，而是要提前征询负责人后才可以分享食物。五是不要轻易向孤残儿童承诺你可能做不到的事情，更不要欺骗孤残儿童，以免伤害本来受伤的心灵。六是带领他们出去活动时，比如下棋、打球等，要以他们的安全为第一要素，不要做一些高难度的运动。七是在服务活动中，未经允许，不要拍孤残儿童的照片，更不要擅自放到网上，以免伤害他们的自尊心。八是陪孤残儿童做游戏时，不要做一些低级、无趣、影响孩子们身心健康的游戏，要做有意义、益智、正能量、有益身心健康的游戏。九是通过有效的爱心宣传，发扬爱心传统，弘扬志愿精神，吸引更多的爱心人士加入志愿服务活动中来，帮助更多的需要帮助的人们，坚守"奉献、友爱、互助、进步"的志愿者精神！

四、案例评析

本案例描述了爱心人士"邵哥哥"在爱心本能的驱动下，从东莞到北京一直坚持在业余时间做志愿者，在志愿服务过程中不断成熟和成长的经历，以及在志愿服务过程中从服务对象身上反观自己并使自己更加坚强的过程。

爱心是做志愿者的前提。爱心就像冬日里的一缕阳光，让寒冷的人们感到人间的温暖；爱心还像沙漠中的一泓清泉，让绝望的人们看到生的希望；爱心更像脚下的石子路，让离家的孩子找到回家的路。邵哥哥生长在一个充满爱的家庭中，父母充满爱意的一言一行根植于邵哥哥幼小的心灵中，并成为他日后走上志愿服务之路的潜在动机。是家庭的爱激发了邵哥哥内心爱的冲动。这种冲动促使他渴望能为别人做一些好事，做一些能帮助别人的好事。邵哥哥的这种纯真的原生态的爱，是一种发自内心的自然情感，是一种不求任何回报的真挚情感，是一种甘愿奉献的崇高情怀。

内心的积极体验是坚持志愿行为的基础。内心的积极性体验是指在志愿服务过程中得到正向的心理体验，这种正向的心理体验可以促使志愿者对志愿服务工作更具有能动性，对志愿服务工作中遇到的困难和障碍能够积极地克服和解决，可以使志愿者在志愿服务过程中最大化地发挥其智力、体力和能力的潜能，最终坚持志愿行为。邵哥哥之所以能够从东莞到北京一直坚持做志愿者，除了邵哥哥有一种希望为别人做好事的动机和需要外，更重要的是，在不断地志愿服务过程中，他能够不断地感受到做志愿者的快乐和帮助别人的快乐。比如："第一次当志愿者的经历让我感到自己的小小付出能让老人们如此高兴的喜悦，更让我体验到了帮助别人时，别人开心，自己更开心。"还有因为工作繁忙，很长时间才到宝贝之家看望孩子们，孩子们惊喜地说："哇！邵哥哥，你终于来啦！"这些积极性体验，一次又一次地激发了邵哥哥坚持做志愿者的动机。

　　掌握服务技能是做好志愿服务的根本。服务技能是指志愿者为残疾人提供服务的一些方式方法。这种服务技能也是构成志愿者素质、体现服务水平的一个重要方面。从一开始卖报纸、打扫卫生等简单志愿服务工作到后来为孤残儿童提供一些专业活动，邵哥哥运用自己掌握的知识，通过每次活动的总结，慢慢归纳出了一些相对完善的服务方式与方法。残疾人由于功能损伤、能力的丧失，以及残疾类别与残疾程度的差异，在为其提供志愿服务过程中，相对专业的志愿服务有助于残疾人的功能恢复和社会参与，有助于对残疾人提供精准服务，有助于其最大化地参与社会生活，共享社会成果。

案例四：你行我也行，志愿同行

"爱在点滴"公益组织

由于周围环境对残疾本身的不正确认知或不接纳，残疾问题容易给残疾人本人和残疾人家庭带来较多的负面影响，特别是残疾儿童更容易被不负责任的家长所抛弃。残疾的形成，一方面与残疾人自身功能有关，还与残疾人自身参与社会的动机有关，更与残疾人生活的周围环境有关。如果残疾人生活的环境是一个接纳、包容、具有无障碍设施的环境，残疾人一样能够像健全人一样生活、学习与工作。本案例讲述了一位天生残疾，又被母亲遗弃，与残疾的父亲和年迈的爷爷奶奶一起生活，历经坎坷，但坚强而自立的女孩，最终在"爱在点滴"公益组织（以下简称"爱在点滴"）的帮助下，从被服务对象成长为一名能够帮助他人的志愿者的令人深思的感人故事。

一、背景介绍

"不要用怜悯的眼光看着我,我和你一样生活在同一片蓝天下。"这是"爱在点滴"公益组织的志愿者叶子发自心底里的呐喊。她渴望能像别人家的女孩一样,被母亲怀抱,被父亲呵护,但是这一切都只是一个梦想。她不仅要克服自身的残障,还要照顾残疾的父亲,以及年迈的爷爷奶奶,她是这个家的顶梁柱。

叶子,天生残疾,出生时因为大脑缺氧导致脑瘫。由于严重的脑瘫后遗症,叶子的语言能力和行走能力都受到影响,说话不清楚,走路也不稳,连拿筷子吃饭都颤抖不停,说话、吃饭、行走这些对健全人来说再简单不过的事情,对于叶子来讲都是奢望。

在叶子很小的时候,母亲与父亲分手并去了国外定居。不久,父亲又不幸患病,同时失去了工作能力,家中还有需要照顾的年迈的爷爷奶奶。一家三代人挤在不到50平方米的筒子楼里,生活全靠年迈的爷爷奶奶的微薄的退休工资和不多的低保金维持。但是善良淳朴的叶子姑娘并没有被这些生活磨难吓倒。在残酷的命运面前,叶子没有沉沦,她无视他人的歧视和恶意嘲讽,坚强地承担起了照顾家庭的重担,勇敢地接受了命运的挑战。

二、勇敢面对生活

"我和你一样拥有着永不磨灭的梦想,即使是看着微不足道的小草,也能从坚硬的土地里成长。"这是叶子对充满艰难困苦的生活的执着与希望。

叶子是位勤奋好学又极其顽强的姑娘，从小她就和正常孩子一样读普通小学。由于严重的脑瘫后遗症对叶子的语言功能、生活功能造成了很大的影响，她说话要很用力才能说出来，走路歪歪扭扭，拿东西时手不停地哆嗦。在年幼无知的小孩们的认知里，叶子的种种表现就成了同学们取笑的话柄。就这样，在周围异样的眼光中，叶子艰难地、以中等成绩读完了小学和中学。

知识链接：脑瘫

脑性瘫痪，俗称脑瘫，是一组持续存在的中枢性运动和姿势发育障碍、活动受限的症候群。这种症候群是由于发育中的胎儿或婴幼儿脑部非进行性损伤所致。脑性瘫痪的运动障碍常伴有感觉、知觉、认知、交流、行为等方面的障碍，以及癫痫和继发性肌肉骨骼问题。按运动障碍类型和瘫痪部位，脑瘫分为：痉挛性四肢瘫、痉挛性双瘫、痉挛性偏瘫、不随意运动性脑瘫、共济失调性脑瘫和混合性脑瘫。

中学毕业的叶子，想早一点工作，为家庭分担一些困难，于是就选择了就读本地的一所职业技术学校的计算机专业。勤奋好学的叶子以顽强的毅力投入学习中去，她的质朴和纯真获得同学的喜爱，她的勤奋和努力更赢得了同学的尊重。徜徉在知识的海洋里，叶子更加坚定了生活的意志。小学和中学的经历让叶子懂得了什么是勇敢，什么是努力，什么是坚强。她看着孱弱的父亲，日渐苍老的爷爷奶奶，叶子想着不论多难都要完成学业。通过三年的学习，叶子克服了常人无法想象的困难，努力地徜徉在知识的海洋中。叶子决心一定要学好计算机，将来能够获得一技之长，能够养活父亲，还有年迈的爷爷奶奶。正是这样一种信念和梦想，激励着叶子努力学习，她的计算机专业水平稳步提升，电脑设计创作的作品多次获得省级和全国的校园比赛大奖。在这样一种充满收获的学习中，叶子带着对未来生活的憧憬，满怀信心地毕业了，走向了社会。

"我依旧期待着明天的精彩，请你永远不要对我说'不'。"现实是残酷的，叶子因为身体原因，就业一次次碰壁。她常常在招工单位的门口一待就是半天。她想做力所能及的工作，可就是没有一个单位能接纳她。她不想成为一个废人。她抗争过，努力过，拼搏过，可又无可奈何。她迷茫，她犹豫，她徘徊，但是命运又该如何改变？她在寻找，她在追逐……

三、公益成就叶子

一次偶然的机会，"爱在点滴"公益组织进入了叶子的世界。2014年，叶子的朋友得知她的困境后，推荐她向张家口"爱在点滴"公益组织求助。于是，叶子通过"爱在点滴"的QQ平台把她的苦恼和困惑向这个爱心大家庭倾诉，"爱在点滴"的管理者"婷大妈""一川纳海"等公益人员立刻响应，陪她聊天，为她解惑。他们还把公益组织中的白血病女孩小蕊的爸爸宏伟、身体残障的"飞飞"等特殊的志愿者介绍给她认识。生活的不易和相同的经历很快引起了他们的共鸣。

叶子被浓浓的爱心包围了：失业了，"爱在点滴"帮她找工作；家里水管坏了，"爱在点滴"帮忙修理；爸爸生病，"爱在点滴"帮着送医院……关爱无处不在，"以爱之点滴汇爱之海洋"的公益理念的种子这时也在叶子的心中开始慢慢发芽了。得到了如此之多的关爱，自己又有一技之长，叶子深深感到爱不仅仅是得到，更应该付出，于是叶子也加入了"爱在点滴"这个公益大家庭中。

叶子发挥自己的计算机专业特长，在网络上宣传"爱在点滴"的公益精神，扩大"以爱之点滴汇爱之海洋"的公益影响力，吸引大量爱心人士加入志愿者队伍中来。她还积极参与"爱在点滴"各种活动的策划和创意。2015年4月，"爱在点滴"开展了"我是你的眼"的关爱盲童的公益活动，叶子不仅独立完成了活动所需展板的电脑设计和制作，还为送给盲童的200多个MP3下载有声读物。在活动中，她还现身说法，鼓励盲童们积极向上，勇敢地面对生活。叶子在"爱在点滴"公益组织中逐渐成长和成熟起来。

"我相信每一片花瓣都留有曾经的故事，每一颗蒲公英的种子都有自己的梦想。"或许世界上最美好的事就是爱情了吧。2015年秋，男友家人的不接纳致使叶子被迫和恋人分手。与男友分手的打击击垮了刚刚恢复生活信心的叶子，万念俱灰的她选择了极端的方式。焦急的叶子爸爸向"爱在点滴"求助，"婷大妈""一川纳海"等朋友在第一时间把叶子送到医院抢救，并一直陪伴她到出院。"婷大妈""一川纳海"等资深志愿者轮番为叶子讲张海迪的故事，讲保尔的故事，讲人生的意义，讲人生的目标。坚强的叶子逐渐理智起来，领悟了爱情不是人生的唯一追求。叶子一扫阴霾，主动承担起了"爱在点滴"公益群管理员的责任。此后，她更加积极地参加公益活动，鼓励那些与她有相同经历的弱势群体要勇敢地面对生活，坚定对生活的信念。

2016年夏天，叶子参加了中央电视台《向幸福出发》栏目组的活动。在"爱在点滴"的倾力打造下，光彩照人的叶子获得了空前的成功，叶子也和全国观众一起分享了她的点滴经历。通过这期节目，"以爱之点滴汇爱之海洋"的公益理念也深入人心。这次展示，不仅使叶子获得了全国大量观众的支持，还让她认识了生命中的另一半。自主创业的残疾青年小张通过节目对叶子一见钟情，但是执意想找个健全爱人的叶子处于纠结之中，她把自己的迷惘告诉三位"点滴妈妈"，请她们帮自己拿个主意。"点滴妈妈"们以十分负责的态度给她分析了小张的优势和不足叶子也对比之前的恋爱经历，对未来家庭生活、生育问题等做了充足的考量。在大家的努力下，自强不息、责任心强的小张终于走进了叶子的感情世界。2017年农历八月十六，"川妈""玫瑰干妈""清风哥"等一众志愿者作为叶子的家庭成员见证了两个人缘定今生的幸福时刻。

"每当阳光照耀在每一寸土地，我都相信着今日的美好。"2018年1月，在"爱在点滴"公益组织的协调下，叶子夫妻获得阳原县残联的支持，开始自主创业。"爱在点滴"爱心接力活动继续开展，搞装修的志愿者"清风"帮他们以成本价装修了店铺，为他们省去了大笔的装修费用，众多志愿者兄弟姐妹为她家店铺做免费宣传推广，大家在各自朋友圈和其他自媒体网络群体中为她发公益广告，帮她扩大宣传。

"以爱之点滴汇爱之海洋"，当地的新闻网、日报、电台、都市报等媒体对"爱在点滴"帮扶叶子的事例进行了多方报道，叶子多次受邀去各个学校做励志巡讲。在"爱在点滴"公益组织集体努力下，叶子的人生和事业步入了快车道，向着她的梦想进发。

四、反思

与叶子的相识，是因为她求职屡屡受挫；与叶子的相惜，是因为她历经磨难后的坚强；与叶子的相知，是因为她的爱心与奉献。叶子虽然天生残疾，从小饱受生活的冷遇，但是叶子最终还是组成了幸福家庭，实现了她从小立下的志向，最终把满满的爱心奉献给像她一样有需求的残疾朋友，参与到帮助他人的公益行动中，用自己的经历激励每一位残疾朋友，希望每一位与她有类似经历的残疾朋友能够勇敢面对生活，并努力追求属于自己的幸福生活。在帮助叶子的过程中，"爱在点滴"的公益人也在不断成长与成熟。通过叶子的事例，我们对自己所做的公益事业有了新的认识和理解。

第一，接案要认真详细地了解个案的情况和需求。之前我们对叶子的了解不够全面仔细，包括她的感情需求，我们认为该尊重对方隐私，她不说，我们就不问了，但这也是造成叶子想自杀的原因之一，没有人知道她到底如何，也不清楚她究竟面临怎样的感情困难。我们犯了一个认知错误，以为是保护尊重她的隐私权，也是因为她平时表现得坚强乐观，让我们产生了错觉。这也提醒我们，在接案时，无论对象来自哪里，都要遵循社会工作的通用过程：首先要明确自己的工作能力；其次要对服务对象进行接案准备。他们究竟面对的最主要的问题是什么？必须对他们的基本资料做系统记录分析，我们所面对问题有哪些，是否具备帮助他们的能力。

第二，评估要全面并要考虑到可能存在的风险或突发事件。叶子本身比较坚强，我们通过她的自我阐述，以及对她的间接了解，知道了她在普通学校一直求学的经历，这是她本身条件，也是促成双方合作的主要因素。但我们高估了她的个人心理承受能力，并未对其做突发状况的应对预估，就开始了服务，所以我们也没预估到她后来要自杀的突发事件。

第三，介入要发自真心地真诚。值得庆幸的是，我们在其他环节服务的好，虽然没刻意计划，却以一直像亲人一样的关系获得了她的信任，在最危险的时候，她选择了信任我们。这也弥补了我们在服务过程中的疏漏。

第四，支持者的角色要根据个案的发展而调整。在整个案例中，"爱在点滴"最初扮演的是支持者的角色，不仅帮她找工作，还鼓励其在可能的情况下自强自立，达到了最初的"助人自助"

的效果。随后，我们又充当了倡导者的角色，倡导叶子利用自身技能和优势，现身说例，鼓舞更多残障朋友去勇敢面对生活。当突发的打击让叶子选择自杀时，我们又及时相救，达到了社会工作中服务对象层面的解救危难的目标。在后来的服务过程中，我们采取了直接介入和间接介入的工作方式。第一时间送医院急救，陪她在医院治疗；讲励志的故事对她进行心理疏导；在她情绪稳定、恢复理智后，倡导并鼓励她更加积极地面对生活，为她提供做公益群管理员的机会，让她能有更多的朋友互相鼓励，并支持她到《向幸福出发》栏目做自我展示，并对她后来的感情问题进行了有计划的介入。

第五，服务介入过程计划由双方共同制定并具有随阶段发展而修改应对的灵活性。在介入过程中，我们遵守原则，从其特点、需要和利益出发做分析，让她自行做出选择，为她的婚姻做出了正确的指导。但我们的工作并未结束，在叶子结婚时，由于她家没亲戚送亲，我们在她的请求下扮演了亲人，这也让她更加感受到了志愿者们的热情和真诚的关爱，为她今后能有机会回馈社会做了铺垫。而后，当叶子夫妻开了小店时，通过我们的宣传报道，这对夫妻还得到了残联的帮扶，我们又帮着转发广告信息，达到了介入帮助的目的。

第六，结案后逐步解除关系。我们的服务在叶子的生活步入正轨后结束。现在的叶子只是"爱在点滴"的一个普通成员，她忙着打理生意，偶尔会和大家闲聊几句，互相问候近况，报个平安。

第七，遵循志愿精神。让每一个可能的人都有机会奉献社会，把每一位受助对象当作亲人一样对待，是"爱在点滴"这个平民公益组织一直以来坚持的助残工作方式。从始至终，没人把叶子当成受助对象，虽然大家给予了她足够的帮助和温暖，同时也予以了她足够的自信和自尊，她在以往公益活动中的付出让她在获得帮助时坦然接受，这也体现了志愿者精神：奉献、友爱、互助、进步。正因为所处的环境类似，所以更能引起共鸣和同情，这也是"爱在点滴"有很多名由求助者转化为施助者的原因。在整个故事中，获益的并非叶子一个人。"爱在点滴"公益组织在整个帮助叶子的过程中，参与的志愿者紧密团结，互相配合，起到了凝聚组织的作用。整个帮助过程为我们今后的服务积攒了宝贵的经验，提升了大家的服务水平。在宣传叶子的事迹实施中，多方连接社会资源，即宣扬了叶子身残志坚的故事，也让更多人了解了"爱在点滴"公益组织，并积极投身于社会公益行动中来。

小结，帮扶叶子是"爱在点滴"公益组织比较成功的一个案例。从叶子求助开始，到她面对爱情打击走向极端，"爱在点滴"团队全身心投入，对她进行心理疏导和实际帮助，使这个坚强的姑娘重拾生活的信心，勇敢地面对现实，最终实现事业与爱情的双丰收。这个案例给了"爱在点滴"团队很多启发和反思。叶子这个案例是被动而为，事件起于叶子求助"爱在点滴"。如果叶子不求助呢？这就对"爱在点滴"公益组织的定位和方向提出了要求，我们建立"爱在点滴"的目的是什么？我们要做什么？我们该怎么做？我们助残？我们帮困？我们弘扬社会正能量？还是……显然，公益组织不是万能的。但是从叶子这个案例我们可以总结经验，形成模式，把帮扶残疾人这个弱势群体作为组织的一个亮点工程。我们要以叶子这个案例为契机，通过宣传激励残疾人这个弱势群体鼓起生活的勇气，勇敢去追求幸福的生活。同时，我们也会加强"爱在点滴"志愿者队伍的建设，建立一支专业的帮扶队伍。

五、案例评析

本案例描述了"爱在点滴"公益组织帮助一位先天残疾的脑瘫姑娘叶子，克服生活中的种种困难和不如意，最终走向幸福生活，成为一名志愿者，并用自己的经历激励其他残疾朋友的感人故事。残疾朋友在日常生活中会比健全人面临更多、更复杂的社会融合和社会适应问题，比如歧视、嘲笑、不理解、入学、就业、婚姻等问题。当这些问题混杂在一起，而且超出了残疾朋友的个人能够解决能力时，就需要一些专业的组织帮助他们寻找解决问题的有效办法。

"爱在点滴"通过关爱帮助叶子解决了思想问题。由于自身的残障，叶子找工作时屡次失败，对自己失去了信心，但叶子毕竟是一位坚强的姑娘，这时"爱在点滴"的各位爱心志愿者的关爱、鼓励和对叶子日常生活的关心与帮助深深地感动了叶子。叶子不仅战胜了自卑心理，还加入了"爱在点滴"的公益活动中，并利用自身的计算机专长帮助有需要的人，感受到了自身的价值。

"爱在点滴"通过谈心帮助叶子解决了个人感情问题。谈婚论嫁是人生大事，但是对于一名残疾人来讲，不知道会遇到什么问题。叶子性格坚强，希望能够找到一位健全的男友，但是男友家人的反对与不接纳深深地伤害了叶子的生活信心，叶子选择了结束生命。在"爱在点滴"各位资深志愿者的劝说和鼓励下，叶子认识到了自己有很多可以做的事情，爱情并不是她唯一的追求，重新回到公益活动中。

"爱在点滴"通过提供平台帮助，帮助叶子解决了婚姻问题和创业问题。在"爱在点滴"的关心、帮助与策划下，叶子参加了中央电视台《向幸福出发》栏目组的活动，这个活动使得叶子开阔了眼界，被更多的人认识，同时也收获了爱情并最终步入婚姻殿堂，继而自主创业，开始了幸福的人生旅途。

"爱在点滴"在帮助叶子时，充分抓住叶子这个个案。关注的是在生活中遇到学习问题、家庭问题、就业问题、婚姻问题等诸多困难的叶子这个人，努力寻求方法帮助叶子去改善和适应，通过各种手段激发叶子的潜能，改变叶子对感情问题的处理方式，帮助叶子解决婚姻问题，又帮助叶子夫妻解决创业问题，最终成就了叶子的公益情怀：回报社会，用自己的专业特长帮助社会上更多需要帮助的人。

案例五：志愿家庭关爱社区孤残儿童

暖暖爱心志愿服务组织

我国孤残儿童约 90% 生活在社区家庭，约 10% 儿童由福利机构照料。因为"孤"，孤残儿童同任何正常孩子一样需要家庭温暖；因为"残"，他们需要特殊的照顾和特殊教育。孤残儿童的成长经历和生活环境不同于普通儿童。孤残儿童与普通儿童的发展需求和规律既有共性，又有个性。为了促进孤残儿童与社会融合，我们要为孤残儿童提供家庭式照料，满足其发展的特殊需要，创建儿童友好型教育环境，进行有针对性的教育。

中国残疾人联合会（以下简称"中国残联"）于 2017 年 4 月 29 日宣布该年 5 月 15 日第 26 次全国"助残日"活动主题为"关爱孤残儿童 让爱洒满人间"。中国残联主席张海迪呼吁，在"助残日"期间，父母带着健全的孩子去探望孤残儿童 给他们带去快乐，让孤残儿童感受到社会各界的关爱。

本案例以生活在天通苑社区的地震幸存孤残儿童为主要服务

对象，以学业辅导与亲情陪伴为志愿服务核心，在暖暖爱心志愿服务组织（简称暖暖爱心）的支持下，开展了需求调查、寻找培训适宜的志愿服务人员、提供过程性支持服务等志愿服务活动，较好地改善了孤残儿童学业辅导的物理场所与人员条件，并且通过较为稳定的亲情陪伴人员满足孤残儿童的对亲密人际关系的需求，提高了孤残儿童的学业成绩，扩大了他们的社交范围，为这群孩子创造了一个友好的成长环境。同时，暖暖爱心团队通过该项目不断完善了组织体系、管理制度、运行模式等，弘扬了"奉献、有爱、互助、进步"的志愿服务精神，积极推动了社区党建、社区服务、社区文化等社区环境建设，有助于实现建设和谐社区的美好愿望。

延伸阅读：家庭志愿服务

家庭志愿服务，是指以家庭为单位，由两个及以上的家庭成员一起参与社区建设、社会发展的志愿服务。目前，我国开展的家庭志愿服务主要有"亲子义工""大手拉小手"等项目。

一、活动背景

暖暖爱心志愿服务组织在项目初期走访调研阶段，发现北京市昌平区天通苑社区居住着一群在大地震中幸存的孤残儿童。这些孤残儿童由两部分组成：一部分是在 2010 年青海玉树大地震中的幸存孤残儿童，共102名，其中有100名藏族人、1名汉族人、1名土家族人；最小的2岁半，最大的是7岁。另一部分是在2013年青海省玉树州和甘肃省岷县发生的地震中幸存的汉族孤残儿童7名。

经过社会各界爱心人士几年来的关爱，这些孩子中的一部分已经考入大学或者参加工作。剩下的五十多个孩子继续生活在天通苑社区。他们当中最小的12岁，最大的16岁，其中男生二十多名，女生二十多名。这些孩子在初一到高三的不同年级就读，其中31名孩子就读初一，7名就读高三；孩子们就读的学校类型较为多样，5名就读于北京市某体校，12名就读于北京某舞蹈学校，7名就读于北京市某技工学校，其他孩子在北京市蒲公英中学、中关村中学、中国地质大学附属中学等学校就读。

这些孩子在大地震中失去亲人的早期心理创伤正在缓缓愈合，目前孩子们的居家生活情况与受教育的权利得到了保障，基本实现了"有饭吃""有学上"，但仍然有如下比较棘手的问题亟须解决：

1. 服务照顾人员严重不足

七年来，长期陪伴孩子的志愿者只有一位妈妈，还有一位厨师和一位管理他们日常学习的志愿者老师，他们是对孩子们提供不定期服务的主要人员。长期陪伴孩子的志愿者妈妈自身患有癌症。

2. 个别孩子需要持续的医疗服务

有些孩子的身体还没有完全康复，需要持续治疗。比如：玉树地震孤儿尕吉经常咳血，疑似肺结核患者，急需持续治疗和照料。11岁的玉树地震孤儿卓玛，身高和北京6～7岁小朋友差不多。因从小失去父母，她性格内向，不爱说话，平时很少与人交流，且患有严重的脊柱侧弯。

3. 孩子们的学业急需辅导

这些孤残儿童绝大多数都是藏族人，藏语是他们母语，但因为来北京时间比较长久，他们本民族的语言和文化还需要传承，同时孩子们的学习也急需提高。比如：在2013年甘肃岷县地震中幸存的14岁孤残儿童褚飞鹏，早就到了上初一的年纪，但因为身体还在治疗期间，一直处于休学状态。如果在这期间不安排人专门为他补课，这个孩子学习就可能跟不上，会失去最佳的上学机会。江文、松宝、尼玛等7个孩子，还有不到一年的时间就要参加成人高考了，但是他们只是简单复习过语文，而英语、历史、地理等必考科目竟然还没有开始复习，甚至连复习资料和考试知识点都不清楚。青梅、尕吉、旺毛等十几个孩子是玉树地震幸存孤残儿童，目前还在上初一，有几个孩子的数学模拟考试竟然还不到30分，因为都是藏族的孩子，他们语文的成绩也非常一般。五十多个孩子的补课问题确确实实是个大问题，但比补课问题更需要解决的是孩子们的补课场地问题。因为没有合适的补课场地，每周末这些孩子都挤在一个二十多平方米的客厅里一起学习，而这个客厅还要经常承担吃饭和会客的任务。孩子们在这样的环境下学习，经常被打扰不说，还要忍受拥挤憋闷的不良学习环境。

4. 孩子们渴望亲情陪伴

当然，这些地震幸存孤儿最渴望的还是亲情陪伴。他们在北京语言不通，习俗不同，需要更多的人用真挚的爱抚平他们内心深处的创伤，陪伴他们学习和玩耍，让他们有一个温暖的家。与此同时，孩子们已经进入青春期，对每个孩子进行心理和生理上的关心和疏导的人员力量不足，成为困扰暖暖爱心的又一个大问题。

二、活动初步设想

暖暖爱心志愿服务组织在了解孩子们的种种需求与急需解决问题后，根据孩子们的特殊需要与暖暖爱心志愿服务组织的服务特色展开了有针对性的分析和探讨，决定为孩子们设立"志愿家庭关爱社区孤残"项目，帮助孩子们逐步解决目前遇到的这些问题。

首先，我们非常明了暖暖爱心的核心服务区域是在天通苑社区及其周边社区，我们擅长的是"一老一小"的关爱项目，并且有社区家庭和校园团队的长期合作资源。因此，在初期调研和寻找助残服务需求的时候，我们就围绕天通苑周边区域寻找能发挥团队优势的项目。

其次，我们通过研究需求发现，北京专门为志愿家庭设计的志愿项目相对偏少，而志愿家庭参与助残服务的需求特别旺盛，志愿家庭志愿服务市场供大于求。我们也了解到天通苑及周边地区已经有商业机构对孩子们进行了相应的爱心服务。

再次,以往的助残活动都把孤残儿童当成受助对象,这次我们想将这些孤残儿童和志愿家庭结合起来,组建志愿服务小分队,让孩子们由单纯受助人直接转变可以助人的志愿者,这些还从来没有人做过。

基于以上思考,我们拟将这些服务进行整合,尝试开拓参考范例的孤残儿童的专业志愿服务项目。于是,我们以"志愿家庭服务"为切入点,以社会支持度较高、孤残儿童特别需要的课业辅导、亲情陪伴等为项目基础内容,结合其他服务需求进行助残服务项目的设计。

该项目主要内容有:招募社会、校园志愿者和"志愿家庭",组织这些志愿者和志愿家庭共同关爱这群在地震中幸存的孤残儿童,重点解决他们的学业辅导问题,还有亲情陪伴的需要问题。

三、活动组织与实施

(一)前期准备活动

1. 多平台宣传动员、招募志愿者

我们发现在助残服务项目运行中,如何找到合适的志愿者和志愿家庭,如何对志愿者和志愿家庭进行筛选和培训都是首要问题。为了找到合适的志愿者和志愿家庭,我们策划了多平台综合利用的宣传活动。

（1）活动目的

增加大众对该项目的认识度，招募合适的志愿者和志愿家庭。

（2）活动形式

线上宣传与线下活动相结合的形式。

（3）活动内容

① 暖暖爱心借助已有资源，如组织贴吧、微博、微信公众号、官方微信群等，这些平台汇集了几千名社会各界爱心人士和几十家合作机构，并且他们与天通苑地区的社区网站、居委会和物业都有很好的合作关系。

② 通过在志愿北京发布招募信息，并且在微博、贴吧、微信公众号、官方微信群、QQ群等同步发布招募信息。

③ 借助社区公益植树、公益相亲大会、邻里跳蚤市场等大型社区公益活动现场大范围地宣传该项目，介绍这些孤残儿童的具体情况和基本需求，招募社区周围家庭和有补课经验的老师关注这些孩子，解决孩子迫切需要解决的问题。在2017年九寨沟地震发生后，项目组随即把地震遗孤问题推向社区关注热点，引起了更多人关注这个项目。

（4）典型活动组织和实施

天通苑社区公益植树节每年都能吸引上百户天通苑社区的家庭来参与活动。因此在植树节进行过程中，团队安排三十多名志愿者，包括6户志愿家庭和十几名地震孤儿进行志愿服务。志愿者分为两组：一组的主要任务是维护秩序的同时发放项目宣传资料、布置易拉宝条幅进行项目宣传；另一组16户志愿家庭和地震孤儿为主，他们参与植树的同时还用现场互动的方式进行宣传和推广。

每年天通苑公益相亲大会都会吸引上千天通苑的家庭和单身青年参加，团队除了组织志愿者维护现场秩序外，还带领一部分志愿家庭和孤残儿童参与现场志愿服务，同时通过条幅、易拉宝、宣传单、现场互动的方式宣传项目。

（5）活动的社会影响

通过多种形式宣传活动，项目组很快吸引了上百户的志愿家庭和几十家的校园团队的关注和支持。

2. 集中组织志愿者培训

（1）筛选志愿者

运用各种宣传方法和技巧招募到志愿者后，接下来要完成的任务就是筛选志愿者。我们对志愿者的筛选方法和技巧，就是基于研究各方交叉需求成果上进行简单对接，筛选当下最适合孩子们的家庭和校园团队，安排到他们最喜欢、最适合的岗位上去，最后留下本项目正好需要的家庭和团队数量即可。当然，在筛选过程中有经验、能力强、有爱心、能坚持的志愿者肯定会被优先考虑，并且还要把他们作为各分项目和分队的管理者进行重点培养，我们相信助残服务中榜样和领袖的带动作用永远是不可或缺的。

我们根据项目具体情况制定了以下筛选指标和考核的办法：

① 目的性：通过面谈和一起互动做活动等方法考核，选取接近于单纯以献爱心、帮助孩子成长为目的志愿者。

② 服务持久性：根据志愿者具体工作和生活情况，空闲时

间安排等情况考核选取主观愿意客观允许能长期参与项目的志愿者。

③ 专业性：根据志愿者专业背景，社会工作背景、兴趣爱好调查等方法，选取有孤残儿童特别需要的专业和爱好的志愿者参与服务。

④ 适应性：通过虚拟场景演示，线下活动测试等方式，考核选取能够很快适应项目变化的志愿者。

⑤ 成长性：通过志愿者对参与项目完成性格、经验、阅历等综合水平提高的需求迫切性分析，选取成长需求切合项目服务实际情况的志愿者。

（2）集中培训

1）培训目的

了解和分析服务对象的基本情况和服务需求；进一步了解和提升志愿者的能力和水平；提升志愿者合作意识，提高志愿者团队合作能力。

2）培训内容

项目整体介绍；项目的服务理念；项目具体岗位介绍和服务要求；如何根据自身情况和隐性需求选择岗位持续服务；学习怎样在团队指导下进行分工协作共同完成任务。

3）培训形式

我们除了采用传统的培训方法和技巧外，还多次组织大型培训洽谈见面恳谈交流，设置各类分项目，设置分项目管理小分队，通过志愿者和孤残儿童共同参与的志愿互动增强相互了解，同时邀请候补家庭和校园团队共同参与。通过这些方法和技巧既培养了一批优秀志愿者，也缓解了志愿者流失的问题。

4）培训效果

通过培训，志愿者了解了这些孤残儿童的基本生活现状，感受到了他们对亲情陪伴和学业辅导的迫切需求；志愿者掌握了项目的整体要求和具体岗位分工及要求；志愿者自我认知更加清晰，自我提升目标更加明朗；志愿者相互之间更加了解，逐渐有了团队合作意识；学习和掌握了一些志愿服务方法和技巧。

（二）中期服务过程性调整活动

1. 志愿人员的确定

通过层层筛选和反复培训，项目组最终确定了如下志愿服务岗位，以及符合该岗位要求的志愿者人员：

① 项目督导老师，由长年照顾孩子们生活的三位老师担任。3位老师从2010年孩子们来到北京的时候开始就一直照顾孩子们的饮食起居，他们不仅对孩子们的各方面需求和情况都了如指掌，对孩子们的教育有着非常切合实际的方法和理念，而且他们有着非常丰富的社会沟通经验和能力，同时也有极强的项目执行督导能力。

② 亲情陪伴家庭，由葛月、张赫、张磊、张雨柯等五组共五十多个志愿家庭承担。我们通过每个家庭的具体情况不同和孩子的具体陪伴需求进行一对一对接。同时根据每个家庭的能力、服务时间等具体情况进行分组，选取考核中分数相对较高的家庭

作为组长协调执行项目任务。这些家庭均是通过服务目的性、服务持久性、专业性、适应性、成长性等筛选指标考核择优入选的家庭。

③ 补课团队，选择北外爱心社、中央财经大学外国语学院、华北电力大学、中央民族大学等几支校园志愿团队。上述校园志愿团队除了在所学专业上符合孩子们目前的补课需求，同时也都有着相对丰富和完整的志愿服务项目执行经验和理念，均是在各项筛选指标审核中被择优录取的志愿人员。

2. 志愿服务内容与形式

（1）学业辅导

① 寻找适宜学习场所：项目吸引了留美归国华侨刘梦然老师加入，正是在她的带领下，项目组通过走访、洽谈、互动交流等方式，为孩子们寻找到了天通苑北二区奕青音乐幼儿园、天通苑希儿区阳光咖啡馆等几家机构为孩子们每周提供免费补课场地，解决了孩子们补课空间狭小拥挤等问题。

② 提供直接学业指导：项目组针对孩子们的具体情况，由留美归国华侨刘梦然老师负责补课项目总协调，由葛月、潘朗锋、段雨佳等志愿者作为语、数、外分组组长负责协调各科目辅导，由王少媛、刘娇蕾、冯超博士和刘东强博士后作为专家顾问，对志愿者和补课体系做顾问指导。在不同地点建立了不同辅导小组为孩子们提供直接的学业辅导。在遗孤之家，周六上午由中华女子学院牵头负责孩子们的数学辅导，周六下午由中央财经大学外国语学院、北京农业大学牵头负责孩子们的外语辅导，周日上午

由中央民族大学、华北电力大学负责孩子们的语文和藏语辅导；在阳光咖啡馆，隔周六由北京邮电大学牵头组织对几个甘肃岷县初一、初二的孩子做语、数、外课业辅导；在天通苑奕青音乐幼儿园，每周日由北京外国语大学、北京师范大学牵头对七个即将参加高考的孩子做考前复习和指导。

（2）亲情陪伴

项目组将每个孩子和志愿家庭一对一进行对接，不定期轮流组织孩子们走进对接家庭，感受家庭温暖与亲情的陪伴；同时，不定期组织家庭和孩子们共同外出参观、观看演出等活动开拓孩子们视野，让他们感受家庭和社会的关爱与温暖。另外，项目组还组织孩子们成立志愿服务小分队与家庭一起参与社区植树、环保户外等活动，增强孩子们的社会责任感；组织孩子们学习应急救援知识；带领他们和志愿家庭一起帮助其他流动儿童、留守儿童、孤残儿童，让孩子们由单纯的受助人向自助者，甚至助人者转变。

（三）后期的激励与服务跟进活动

1. 过程性反思

在项目执行过程中，我们发现目前的活动内容相对单一，例如课业辅导内容集中在初高中语、数、外辅导，补课形式略显单一，补课志愿者流失现象常有发生；亲情陪伴主要是孩子们走进志愿家庭过周末，互动形式与内容缺乏多样性，孩子们和志愿家庭的联系显得过于单一，部分志愿家庭因种种客观原因流失。另外，我们关注的地震孤残儿童多以接受关爱和资助的对象形象出现，如何引导他们正确看待他人的志愿行动，以及如何引导他们以己之力关爱他人和帮助他人，促使他们理解"助人者自助"，也是我们在项目进行过程中思考较多的问题。

2. 活动内容与形式

（1）增设共同参与的活动，促进双方互动

为了更好地解决这个问题，我们从丰富项目内容入手，以志愿家庭和孤残儿童共同组建的志愿服务小分队为抓手，每个月组织一次志愿家庭和孩子们一起过生日活动，每逢六一儿童节、端午节、中秋节、国庆节、春节组织他们一起过节，和校园团队不定期一起举行诗歌、阅读、绘画等比赛来丰富亲情陪伴；让孩子们作为志愿者和志愿家庭每年组织一次外出植树活动、两次烘焙活动、两次应急培训、五次公益演出活动。

（2）创设孤残儿童助人的活动

为了帮助这些孩子理解志愿活动的公益性和践行"助人者自助"的理念，我们创设一系列活动，帮助这些孩子注册并成为注册志愿者，组建成为一个志愿服务小分队——暖暖爱心阳光少年志愿服务分队，使他们以志愿者的身份担任志愿活动的主角，使他们有机会亲身感受互相关爱与互相帮助对于双方的意义和价值。

2016年12月24日和2017年12月23日，在天通苑尾货对面广场分别组织由二十多名孤残儿童和二十多名志愿家庭与志愿者共同参与的圣诞老人为社区孩子送礼物活动。孩子和志愿者穿上圣诞老人服装为附近居住的孩子送去惊喜和祝福，同时把一部分礼物专门送给一群有先天性疾病且一出生就被父母遗弃的孤残儿童。

2016年4月23日和2017年4月14日在天通苑北二区和天通艺园分别组织了由二十多名孤残儿童和二十多个志愿家庭、一百多名天通苑志愿者共同参与天通苑公益植树节活动。这些孩子和志愿家庭与志愿者共同参与植树绿化，同时孩子们作为志愿者参与植树节活动的现场维护、公益项目宣传、与邻里互动等服务。

2017年3月11日，在天通苑绿坊源大酒店举办由三十多名地震孤残儿童、二十多名流动儿童、留守儿童、其他孤残儿童，以及五十多个志愿家庭总计二百多人参加的暖暖爱心年度公益颁奖典礼。孩子们在参与现场志愿服务的同时，还登台进行了即兴表演。

2017年6月11日，在半截塔郊野公园，由几名天通苑地震孤残儿童代表暖暖爱心阳光少年志愿服务队和十几名来自半截塔村的流动儿童、留守儿童组成暖暖爱心半截塔小学志愿服务分队，与志愿者一起进行公园环保户外公益行活动。孤残儿童带领和指导比他们小的流动儿童进行志愿活动的同时，还为他们送来了精彩的读书分享内容。

2017年8月19日，在天通苑北二区奕青音乐幼儿园，举办由十几名孤残儿童和二十几名流动儿童、留守儿童和十几个志愿家庭总计五十多人共同参加的蛋糕烘焙活动。这些孤残儿童既参加了烘焙学习，又以志愿者的身份和志愿家庭一起服务那些比他们还小的流动儿童、留守儿童，参与了现场秩序维护和儿童陪伴的志愿服务。

这些项目内容的设置既丰富了他们的生活，提高了他们的综合素质，培养了他们的爱心，还为孩子们播撒了爱的种子，让他们在接受社会关爱的同时也学习怎样关爱别人，逐步完成了孤残儿童由受助到自助直到助人的转变。这些丰富的内容还提高了志愿家庭和志愿者参与的热情，使项目更有趣味和黏性，让所有参与其中的人都获得了成长，尽可能缓解了志愿者的流失。

（3）有针对性地疏导与解决问题

我们还加强了项目的总结调整，针对志愿者和孩子们在项目服务中遇到的问题和困惑及时疏导和解决，并且不断总结经验，激励志愿者持续服务。

从课业辅导服务来说，孩子们周一到周五一直都在学校上课，那么周六日还要集中补课，对他们来说免不了有重复学校生活、单调乏味的感受，这导致一部分孩子注意力无法集中、学习精力涣散、应付补课的问题出现。另一方面，补课志愿者每周都要重复补课内容，加上孩子们的问题，影响了一部分志愿者的参与热情，选择退出项目，导致补课志愿者不得不采用一部分轮换的方式进行。从亲情陪伴的服务来说，孩子们的学习、补课任务都很重，很多陪伴内容无法更好地开展，不得不做一些取舍和平衡，再加上一些志愿家庭自身家庭变故影响，导致一些家庭服务过程中的流失，最后不得不增加候补家庭参与服务，以志愿家庭亲情陪伴服务与补课服务相结合的方式来弥补。

（四）活动社会影响

项目组前期分别在天通苑及其周边 5 家居委会和 3 家机构做了前期调研，分别在 1 家社区网站和三十多家门店做了宣传，还在 4 家定点单位做了地面推广。项目累计组织开展 6 个线下系列活动，二百七十多人次志愿者参与服务，产生总志愿服务时长达到一千多小时。我们的系列活动直接受益者多达二百多人，主要包括参与项目的五十多名孤残儿童、五十多个志愿家庭、5 支校园支队；六百多人间接受益，不仅包括上述所有直接受益人的亲属朋友和项目服务过程中宣传影响到的社区邻居和居民，而且包括项目中一起参与活动的另一部分一百多名流动儿童、留守儿童、孤残儿童。通过该项目的执行我们总结出了一套"三五一对一孵化"的助残服务模式，具体说就是五十多个志愿家庭和 5 个校园团队对五十多名孤残儿童"一对一"进行陪伴和课业辅导并孵化出一支志愿服务小分队的模式。同时还根据每个孩子不同性格设计出了一套针对孤残儿童补课的学习辅导系统，探索出一个可复制、可持续的服务模式。

在所有志愿家庭和志愿者的共同努力之下，孩子们也发生了可喜的转变：

① 七个参加高考的孩子的英语、地理从零基础起步，通过志愿者的重点补课辅导，全部考入大学。其他参与补课的孩子的学习成绩也获得了不同程度的提高。

② 项目执行之前所有孩子一直都是社会关爱的对象，自己当志愿者去帮助别人的事情还没有做过，很多孩子甚至都没有想过。

项目执行期间，这些孩子基本上都成了志愿北京注册志愿者，在老师们的引导之下他们还成立一支属于自己的志愿服务团队——暖暖爱心阳光少年志愿服务分队，并推选出还在上初一的褚江伟作为小分队队长，多次参与各类志愿服务，在爱心、品德、能力上都取得了进步。褚江伟除了多次获得暖暖爱心公益组织优秀志愿者、优秀管理者、志愿服务新星等称号外，还被学校评为优秀班干部、学校优秀领操员、最美中学生等。褚江瑞被评为年级优秀体委、优秀班干部、校级最美中学生；褚江琴获得校级优秀少先队员；布毛获得美德标兵道德之星、校级励志奖。玉忠、青梅巴措、德乾尕毛等几人也获得了校优秀干部称号。

项目运行期间受到了大学生、志愿家庭、孤残儿童认可和鼓励。大学生们的补课水平有了明显提高，孩子们变得更加感恩父母，孤残儿童们不但学习成绩获得提高还变得更加开朗和有爱心。项目也获得主管部门的高度肯定，多次推荐项目管理参与各类项目成果展示和培训。

志愿家庭关爱社区孤残项目获得了 2017 年北京市小微项目支持计划的支持，年底还在一百多个小微项目支持计划中脱颖而出，获得了"2017 年北京市小微项目支持计划优秀项目"称号。

四、反思

1. 志愿服务对象特殊需求的深入分析

在志愿服务过程中服务对象的分析不能仅仅停留在一类人的

整体需求上，而是要通过不断深化服务，细化到对每个服务对象的具体情况特殊需求分析才能把助残志愿服务做得更加深入、更加具体。而对每个服务对象特殊需求分析也不能停留在需求分析表面上，还要深挖每个特殊需求产生的根源和未来变化趋势，然后分析哪些需求是我们有能力解决且应该解决的，哪些需求是不需要或者不必解决的。

2. 志愿者招募和培训具有针对性

志愿者招募过程中数量永远不是第一位的，招募的核心在于适合。适合并不等同于各方面全都优秀，适合在于综合情况符合项目需求。有些可以通过项目执行前期培训和中期调整得到解决的问题就不必招募新的志愿者。而服务前、中期培训和后期总结都要有针对性，前期培训针对的是相互了解和熟悉，针对服务对象的分析和项目要求进行培训，而中期培训针对的是服务过程中出现的问题的总结和细节的调整。后期培训更像总结，针对的是对整个服务期间的问题和收获做出梳理，为后期持续服务做好各方面准备。

3. 实施过程性调整与跟进服务

服务过程中的调整和跟进是项目服务不可或缺的一部分，是项目向纵深精细化服务的必要方法和手段。没有调整和跟进，会导致项目僵化，执行凝滞，直接影响服务效果，甚至导致项目执行失败。

五、案例评析

本案例基于和谐社区的建设理念，深入调研天通苑社区中地震孤残儿童的迫切需要，结合暖暖爱心服务组织在社区志愿服务活动积累的丰富经验和资源优势，开展了以学业辅导和亲情陪伴为主要内容的"志愿家庭关爱社区孤残儿童"项目。该项目不仅培养了一批志愿家庭和义务家教志愿团队，而且积极推进孤残儿童成为新的志愿服务者，切实弘扬了"奉献、有爱、互助、进步"的志愿服务精神，积极推动了社区文化建设，同时也为其他同类型的助残服务项目提供了宝贵的经验。

案例的活动设计注入了两个层面的"助人自助"的社会工作理念和价值观。首先，暖暖爱心志愿服务组织吸纳和培养了一批愿意奉献的志愿家庭和义务家教志愿团队，使他们在"爱心奉献，助人自助"的平台上，得到自我教育，形成爱心自觉，使之更认同社会主义核心价值体系；其次，暖暖爱心积极推进受助的孤残儿童加入志愿者，使他们有机会从受助者转化为助人者，体验"给予者"的快乐和幸福，为他们更好地融入社会，实现"自助"提供了更高层次的平台。

活动内容的选择侧重分析受助的孤残儿童的切实需求，招募社会志愿者、校园志愿者和"志愿家庭"，共同关爱这群地震幸存孤残儿童，重点解决他们的学业辅导与亲情陪伴的需要问题。孩子们远离家乡，一方面需要疗愈因地震失去亲人和远离故土的伤痛，一方面需要重新融入新的环境，适应在北京就学和在孤残儿童之家的集体生活。项目负责组织深入分析了孩子们当前的迫切需求，并结合本志愿组织在志愿服务中的优势资源和经验，重点帮助孩子们改善学习场所的条件与提供学业辅导，同时以志愿家庭的模式向孩子们提供较为稳定的陪伴，以满足孩子们对亲密关系的心理需求，使他们能感受和体验家人般的温暖和关心。

活动形式考虑了增进大众对孤残儿童关爱的理解和提供点对点的针对性服务两类活动的需求，同时把前者作为招募合适志愿者的重要途径。项目组借助社区公益植树、公益相亲大会、邻里跳蚤市场等大型社区公益活动现场为项目进行多次大范围的宣传，宣传孩子们的具体情况和基本需求，招募志愿者关注孩子们，共同参与服务解决孩子们迫切需要解决的问题。然后，项目组根据活动内容，遴选和培训亲情陪伴的志愿家庭和学业辅导的大学生志愿队伍。

活动安排具有持续性和过程性调节的特点，以保障志愿服务在受益面和时间跨度上的质量。整个项目活动分为前期宣传和招募、培训阶段，中期志愿服实施阶段，后期激励与跟进服务阶段，体现了过程性反思和调整的工作思路。同时，根据本项目的实际需要，特别设置了项目督导、志愿家庭、学业辅导三种岗位，上述三个具体岗位，各施其责，分工合作，共同服务于本项目的志愿活动内容。

活动的成功举办有赖于项目组的志愿服务设计理念和志愿活动实施的组织性。首先，以"助人自助"的社会工作理念和价值观设计志愿服务的宗旨，使志愿者和受助的孩子们都从中体验到了"奉献、有爱、互助、进步"的志愿服务精神；其次，深入分析志愿服务对象的特殊需求，力求细化到对每个服务对象的具体情况与特殊需求分析上，才能把助残志愿服务做得更加深入、更加具体；再次，根据项目需求，重点遴选和培训有经验、能力强、有爱心、能坚持的志愿者，以保证志愿服务的针对性和持久性；最后，采取过程性调整和跟进服务，对新情况新问题及时反思和做出必要调整，以稳定志愿者队伍和提高志愿服务的长期性。

案例六："守护星光"——关爱残障儿童

通辽市红十字星光志愿服务队　王博

根据 2006 年第二次全国残疾人抽样调查显示，我国 0～17 岁的残障儿童为 504.3 万人，占残障人口总数的 6.08%，占全国总人口的 0.39%，每年新增残疾儿童 19.9 万人。在残障儿童保护中，我国已形成以残障儿童医疗康复和教育保障为两大支持的保护体系，社区康复工作体系的逐步形成推动了残障儿童康复走向社会化，残障预防得到重视，残障儿童社会参与、文化娱乐等权利保障逐步得到落实。然而，目前我国残疾儿童人口基数大，他们作为儿童中的特殊群体，所接受的康复服务水平、教育发展、环境保障等方面还面临许多困难和障碍，消除这些困难和障碍既需要政府制定相关政策法规，加大资金投入，更需要社会各界的参与和支持，以确保残疾儿童享受平等参与社会生活的机会，维护残疾儿童的基本价值尊严，促进残疾儿童的全面发展。

通辽市红十字星光志愿服务队（以下简称星光）通过慰问助

残、文体助残、康复健残、公益助残等形式，持续对残疾儿童提供帮扶服务，不仅培养了一批热心公益活动的志愿者，尤其培养了一批助残青少年志愿者，增进社会大众对残疾儿童保护、接纳与关爱的意识和观念，而且积极弘扬人道主义思想，大力倡导扶残助残的良好社会风尚，致力于普及儿童保护理念，树立平等观念，为残障儿童创造一个全面接纳、全力保护的社会环境。

知识链接：青少年志愿者

青少年志愿者，是指满13岁但不满20周岁的、无偿从事力所能及的志愿服务的支援人员。各种大型运动会、展览、论坛等活动为青少年志愿者提供了锻炼与成长的机会，既有利于及时有效地为需要的社会成员提供服务，也有利于志愿者之间互通信息，共同成长。

一、背景介绍

我喜欢孩子，做过老师，在北京学习过儿童早教、儿童感觉统合和心理学。回家乡后开过早教班、幼儿园，利用业余时间帮助自闭症和有学习障碍的孩子做康复训练。这样的经历让我接触到很多自闭症患儿及其家庭。从帮助到了解，又深知其苦，更是唤醒了自己的同情之心。

从前帮助这些患儿都是自己业余时间去家里给孩子训练，因为对孩子的保密性，虽小有成果但知道的人也不多。家长们倒是劝我开设机构或是成立协会，帮助更多的孩子和家庭。可是我一个人没有三头六臂，到处碰壁，举步难行。索性，去做志愿者，没有成本又干了自己想干的事。

2010年，我实际接触了自闭症儿童鑫鑫。鑫鑫妈妈打听到我具有心理咨询师、儿童感统师的身份，辗转找到了我，让我与这个孩子开始了长达三年的故事。我们开始为鑫鑫进行每周三次的感统训练，经过三年的努力，鑫鑫顺利进入幼儿园。2014年星光成立以后，有很多志愿者愿意跟我一起帮助这样的孩子。我们为像鑫鑫这样的孩子成立了服务小分队，七八个人凭着一腔热血到他们的家里做心理辅导，也有越来越多的特殊孩子需要星光。

让我记忆最深刻的是脑瘫患儿亮亮。这是一个只有五岁、每天只能单调地过着十二个小时康复训练的可怜宝宝。脑瘫的病痛让他无法直立行走，每天机械的高压康复训练，让他全身的肌肉摸起来都像是硬邦邦的石头，更无法去接触其他的知识。最触碰我心灵的就是他连图片上的牛都认不得。我们的服务小分队为亮亮从心理测评到心理疏导，从志愿者每周三次的学前知识辅导到一对一的思维训练。就这样，一年过去了，星光伴随着亮亮顺利进入了小学，让亮亮以最好的状态接触社会。直到现在，亮亮在学校的成绩都是名列前茅。我们的志愿者也依然在为亮亮做着康复与心理疏导。同时，我们星光的助学支队也在资助着这个家庭贫困但成绩优异的亮亮。

2014年，通辽市红十字会举办"爱心妈妈情系福利院"的活动,因为福利院需要一名心理专业的志愿者帮忙指导自闭症儿童国霞,我义不容辞地接受了邀请。第一次见面,国霞一路拉着我的手,和我用她并不清晰的话语交谈,愉快亲密地合影。回来后,红十字会领导问我愿不愿意做一支儿童心理专项服务队,我们一拍即合。同年五月,通辽市星光志愿服务队(儿童心理专项)正式成立。

队伍从几个人到十几个人,再到发展到今天的近千人。我们来自各行各业,我们排除万难,让一个梦想成为现实。我们开展培训,进行选拔,每个志愿者发挥着自己的才能,形成严密的组织结构。我们走进街道、走进福利院,设立服务站,帮助真正需要指导的家庭,还有需要关爱的儿童。

二、活动设想

我们建队初衷是帮助自闭症儿童,在关爱自闭症儿童的同时,又涌现了许多脑瘫儿童、残障孤儿等。鉴于星光志愿服务队的队员们多有儿童服务的经验,也感同身受了诸多残疾儿童家庭渴望相关服务的迫切心情,于是我们主要把服务重心放在了残障儿童身上。在具体活动设计上,我们考虑了三点:

第一,通过系列公益活动宣传关爱残疾儿童,不仅增长公众对于助残的意识,也作为吸纳更多志愿者的途径。

第二,通过多种活动直接服务于残疾儿童及其家庭,为他们提供心理、社交、教育、康复方面的支持与服务。

第三,根据特殊学校教育活动的需要,我们向特殊学校的师生提供相关的志愿服务,辅助特殊学校开展相关活动。

三、活动过程

1. 助残志愿服务活动主题

"守护星光"——关爱残障儿童。

2. 活动内容与形式

1)慰问助残

定期进社区开展自闭症知识普及、家长心理咨询;

组织大小志愿者,小手拉大手,定期对残障儿童进行关爱活动。

2)康复健残

一对一儿童感统测评,各类残障儿童康复训练。

3)文体助残

普及应急救护活动;美术、声乐等公益课送教活动;趣味运动会。

4)公益助残

自闭症日联合全市社会组织共同进行蓝丝带健步行动,以及千人签名等活动。

3. 主要活动

1)活动一:"情暖童心"关爱残障碍儿童系列活动

2018 星光志愿服务队联合通辽市青少宫开展"情暖童心"关

爱残障儿童系列活动，星光志愿者为残障儿童设计了应急救护普及、沙画、声乐、人文地理常识等丰富多彩的公益课程，为孩子们带去新的知识和欢歌笑语。希望爱的力量可以温暖他们的童年，陪伴他们成长。

2）活动二：向特殊学校教师普及应急救护活动

我们定期前往特殊教育学校，为教职员工进行专业应急救护培训，提高特殊教育学校师生的自救互救能力，减少突发事件对残障儿童导致的伤亡。

3）活动三：残疾儿童趣味运动会

我们定期走进特殊教育学校，组织大小志愿者，小手拉大手对残障儿童进行关爱活动，为残障儿童举办趣味运动会。

4）活动四：爱心资助残疾儿童

联合庞大奔驰举办慈善拍卖，所筹善款慰问福利院残障儿童；集合爱心人士，捐资助学品学兼优的残疾儿童。

5）活动五：蓝丝带公益健步活动

在自闭症日，联合全市社会组织共同进行蓝丝带公益健步行动，提倡社会关注自闭症儿童，活动人数高达 2000 人。

4. 社会影响

星光志愿服务队成立近四年了，目前队内志愿者人数达近千人，其中包括青年志愿者三百余人，少年志愿者四百余人。队伍下设组织部、培训部、项目部、残障儿童项目部、宣传部、后勤部等部门。活动次数累计达五百余次，活动服务时长累计高达9000 小时以上。受益群众、孤残儿童近 2000 人，健康儿童 5 万人，企业社区两万余人，总人数达八万余人。所开展活动得到了广大市民和政府部门的广泛认可和一致高度好评。

志愿者们在奉献爱心的同时，身心都收获成长，得到了社会各界的认可，成为更好的自己。队长与其他骨干成员、服务队先后获得市级各种个人或组织奖项。

四、反思

星光志愿服务队队长深情写下了这样的话语，以表达从事志愿服务的收获与感受："我从来没有想过身边会有这么多的人因为爱心凝聚在一起，坚持重复做着一些小事，毫无回报，更无怨言。他们那么普通，却又那么耀眼。每次看着一群人参加活动的背影，我的内心都一次次地被触动、被震撼。公益的路上有这么多有爱心、有才华、有能量的小伙伴，让我心中的小火种越烧越旺，愿用这种光和热去照亮星光。"星光志愿服务队几年来取得的成就与经验如下：

1. 活动方式全面考虑残障儿童的需求与特点

因为残障儿童在活动中存在一定的特殊性和局限性，我们在设置活动中全面考虑活动形式的适宜性、安全性、功能性、参与性，在活动开展中我们要求对参与服务的人员和志愿者要规范化、素质化、专业化、全面化，在面对活动中出现的突发状况进行灵活应对和控制。所以参加服务的志愿者，要经过专业的志愿者培训及考核，以及队内邀请专业特教教师为志愿者培训，普及自闭症知识和服务残障儿童注意事项，等等，从而达到志愿者对残障儿童的了解、理解、包容。根据残障儿童的需求与诉求，提供更加专业务实的志愿服务。提供康复训练的志愿者必须是从事医疗、教育等相关专业，有着康复和心理等相关工作经历的老师，并经过考核方可参与讲座、康复训练等工作。

2. 针对性培养优秀少年志愿者，使其充分发挥引导协调与同伴的双重角色

由于成年志愿者在参与志愿服务时只能起到引导协调等作用，为帮助特殊儿童营造一个好的融合环境，所以队内培养了大量优秀青少年志愿者。我们将各校品学兼优，多才多艺的少年儿童以自愿报名的形式参与和加入进来。青少年志愿者入队后同样需要经过相关专业知识的培训，才能深入帮助残障儿童的项目中。这些少年志愿者与残疾孩子们在一起画画、唱歌、跳舞、做游戏，还与残疾孩子建立深厚友谊。通过志愿服务活动，帮助残疾孩子寻找快乐和建立自信，充分发挥青少年志愿者作为"红领巾助残"主力的独特作用。他们在帮助残疾儿童的过程中，既培育了关心他人、扶助弱者的爱心，同时又是一次社会道德和拼搏精神的自我教育。队伍为小志愿者累计服务时长，在年会时候为服务时长累积较多的儿童颁发相应的奖励证书，以鼓励他们将爱心接力，将公益传承。

知识链接：红领巾助残

"红领巾助残"活动是由教育部、共青团中央、全国妇联、中国少年先锋队全国委员会、中国残联共同组织，在全国少年儿童中开展帮助残疾人、帮助残疾小伙伴、帮助困难残疾人子女等活动的助残行动。

自1986年，由教育部、共青团中央、全国妇联和中国残疾人福利基金会联合发出《关于在少年儿童中进行社会主义人道主义教育，培养理解、尊重、关心、帮助残疾人良好道德风尚的意见》以来，全国数以亿计的少先队员积极响应，"红领巾助残"活动遍及城乡，蓬勃开展。全国每年有近千万少年儿童积极参与各项助残活动，涌现出一大批助残先进集体和个人。实践证明，"红领巾助残"活动是在广大少年儿童中进行人道主义教育的生动形式，对于弘扬中华民族尊老爱幼、扶残助残的传统美德，培养新一代有理想、有道德、有文化、有纪律的社会主义建设者和接班人具有重要的意义。

"红领巾助残"活动重在育人。以学校、班级或小组为单位，通过组织助残小分队，建立助残联谊网，开展各种切实有效的助残活动。如组织主题班会、开展"一助一送温暖""我与残疾小伙伴共同成长"等形式多样、生动活泼的主题活动。通过在学习、生活中帮助残疾人，着重培养少年儿童热爱祖国、热爱人民、志在奉献、坚韧不拔的进取精神和高尚情操，在帮助残疾人的过程中，既培育了关心他人、扶助弱者的爱心，同时又是一次社会道德和拼搏精神的自我教育。

五、案例评析

该案例基于"儿童优先"与保障残疾儿童的平等权利的理念，全面考虑残障儿童的需求与特点，通过慰问助残、文体助残、康复健残、公益助残等形式，持续对残疾儿童及其家庭、特殊学校提供志愿服务，一方面增进了社会大众对残疾儿童保护、接纳与关爱的意识和观念，另一方面为残疾儿童创设了享受平等参与社会生活的机会，促进他们全面发展。

案例的活动设计针对残疾儿童平等权利的保障需要，采用多角度、多层次的志愿支持服务体系，从社会大众的残疾意识、残疾儿童发展需要、残疾儿童家庭支持和特殊学校支持来构建志愿服务项目的基础。然后再针对每个环节提供相应的志愿服务内容，最后形成共同助力以保障残疾儿童平等参与的权利和促进残疾儿童的发展。

活动内容选择较为多样，针对不同对象采取了有针对性的服务内容。其一，针对社会大众，采取多种宣传手段，增进他们对残疾儿童的关注、接纳；其二，针对残疾儿童，采取康复服务、艺术文体类活动；其三，针对残疾儿童家庭，采取教育与心理方面咨询；其四，针对残疾儿童就读的特殊学校或生活的福利院，采取急救培训、爱心捐赠等方面的志愿服务。

活动形式综合多样，包括慰问助残、文体助残、康复健残、公益助残等形式，不仅增长公众对于助残的意识，也作为吸纳更多志愿者的途径，而且直接服务于残疾儿童及其家庭，为他们提供了心理、社交、教育、康复方面的支持与服务，同时也为福利院与特殊学校教育的师生提供相关的辅助服务。

　　该活动具有两个亮点，较好地保障了志愿服务的质量。其一，针对残疾儿童平等权利保障的需要，采用多角度、多层次的环境系统构建视角，从社会大众的残疾意识、残疾儿童发展需要、残疾儿童家庭支持和特殊学校支持来构建志愿服务项目的基础，使各层次围绕残疾儿童发展构成共同协作的合力。其二，该项目培养了一批对自己对社会具有良好公民意识和志愿服务的少年志愿者队伍，使他们在实际的助人情景中理解和内化利他主义、助人自助的助人理念，在他们心中埋下了一颗平等、接纳、尊重的种子，从而为残疾儿童的社会交往与发展创设更加健康积极的同伴环境，进一步增进社会的文明与和谐。

案例七：乡村助残，爱心温暖送到家

平谷区静鑫社区　刘菲

《中共中央国务院关于实施乡村振兴战略的意见》（以下简称《意见》）指出，实施乡村振兴战略，是党的十九大作出的重大决策部署，是决胜全面建成小康社会、全面建设社会主义现代化国家的重大历史任务，是新时代"三农"工作的总抓手。《意见》就加强农村残疾人工作提出了明确要求。在"提高农村民生保障水平　塑造美丽乡村新风貌"一节中指出，做好农村社会救助兜底工作。加强和改善农村残疾人服务。加强妇幼、老人、残疾人等重点人群健康服务。在"打好精准脱贫攻坚战　增强贫困群众获得感"一节中强调，综合实施保障性扶贫政策，确保残有所助。在"汇聚全社会力量　强化乡村振兴人才支撑"一节中提出，发挥残联等群团组织的优势和力量，支持农村弱势群体关爱。中央一号文件对"加强和改善农村残疾人服务"的明确要求，将对保障和改善农村残疾人生活，打好、打赢贫困残疾人脱贫攻坚战，提高农村贫困残疾人获得感，加快农村残疾人事业发展，起到了十分重要的推动作用。

根据第二次全国残疾人抽样调查数据显示，全国残疾人口中，城镇残疾人口为2071万人，占24.96%；农村残疾人口为6225万人，占75.04%。如何针对广大农村地区残疾人的需求提供因地制宜的助残志愿服务，保障和改善农村残疾人的生活质量，都是我国助残志愿服务活动中需要认真思考与探讨的重要议题。

本案例以北京市平谷区王辛庄镇太平庄村的重度残疾人、边远山区的残疾人为主要服务对象，以送餐服务、居家卫生与个人清洁服务为内容，在静鑫社区助残服务中心的组织下，开展了系列助残志愿服务活动，较好地改善了被服务的农村残疾人的生活条件，增强了该地区农村残疾人的社会交往。

知识链接：残疾分级

我国于2010年颁布的中华人民共和国国家标准"残疾人残疾分类和分级"（GB/T 26341-2010）中规定：各类残疾按残疾程度分为四级，即残疾一级、残疾二级、残疾三级和残疾四级。残疾一级为极重度，残疾二级为重度，残疾三级为中度，残疾四级为轻度。

一、活动背景

平谷区属于北京市的偏远郊区，经济水平较落后，辖区内农村百姓的主要经济来源依赖于土地，很多山区距城区较远，交通不便，生活水平十分落后。在静鑫助残服务中心开展活动的时候，助残志愿者对王辛庄镇和山东庄镇的残疾人家庭做了入户调查。在调查过程中我们发现很多残疾人家庭条件都十分困难。一进门，院子里堆满了各种破旧不堪的用具和废品，20世纪五六十年代的旧房子很低矮，房顶上因为漏雨遮上了塑料布，屋内有些阴暗，透着一股霉味儿和老人身上的味道。农村残疾人家庭大多数都是因残致贫，留守农村的残疾人基本丧失劳动能力且没有经济收入，其中很大一部分残疾人年事已高，而且身边长期无人照顾。还有一部分残疾人家庭有着家族遗传性质先天不足，农村传统而落后的思维方式导致这些自出生起就存在智力和精神方面残疾的人，只能依靠村委会和政府的救济生活。

在开展各项服务项目前，我们入户走访了一部分残疾人家，这些残疾人的家中劳动力外出工作，残疾人长期一个人在家无人照顾。而这些残疾人有的行动不便，有的心智不全，很难自己照顾好自己。其中有一部分老人常年瘫痪在床，神志已经不是很清楚了，依依哦哦地说着没人能懂的话，眼神里透着无助，透着痛苦。曾经见过一位老人的午餐：一个馒头和一个装满水的奶瓶。老人长期瘫痪在床，家人去工作之前就把食物放在老人能拿到的地方。甚至还有一些老人中午都吃不到饭，只能吃一些饼干果子充饥，然后等晚上家人回来再一起吃晚饭。这些残疾人家中环境非常脏乱，院子里随处可见的生活垃圾，厨房里厚厚的油污，卧室里随意摆放的餐具、衣服、生活用品，甚至还有排泄物……

结合对残疾人需求调查的情况总结，静鑫社区助残服务中心针对家庭贫困、残疾老人无人照顾的残疾人家庭做出了一系列的志愿助残服务。

延伸阅读：农村志愿服务

在2006年由民政部等部门联合下发的文件《关于在农村基层广泛开展志愿服务活动的意见》中，就在全国农村基层广泛开展志愿服务活动提出了五点意见：一是要充分认识在农村基层开展志愿服务活动的重要意义；二是要明确开展农村基层志愿服务活动的指导思想、主要原则和主要领域；三是要发挥村级组织在志愿服务活动中的作用；四是要积极动员社会力量到农村基层开展志愿服务活动；五是要切实加强对农村基层志愿服务活动的指导和扶持。

二、活动初步设想

静鑫社区助残服务中心位于北京市平谷区王辛庄镇太平庄村，主要通过政府购买类项目为残疾人提供就业培训、文艺培训、文体活动、心理慰藉等活动。在为残疾人开展各类活动的同时发现农村需要帮助的残疾人数量不少，而这些残疾人家庭也非常贫困，静鑫社区助残服务中心的负责人萌发了建立助残志愿者团队的想法。

起初我们的想法很简单，就是想号召身边更多的人关注农村的残疾人和残疾人家庭，希望通过自己的帮助和服务能够逐渐改变残疾人的生活状态。志愿者团队里有很多人都是本地的农村人，他们的学历和专业水平都不高，但是他们有一颗热情而甘于奉献的心，而且他们对于各自村子里的残疾人家庭情况都很了解，对于我们开展的入户活动和服务有很大的帮助。与此同时，静鑫社区助残服务中心也积极联系了很多优秀的社会组织，不定期为志愿者开展培训，帮助志愿者了解学习到更多的助残志愿者相关的专业知识。通过大家的不懈努力，静鑫社区助残服务中心的志愿者们在农村的残疾人心中有了不可替代的位置。

三、活动组织与实施

在服务开始前我们需要做大量的前期准备工作，于是我们在周围村子里招募了第一批志愿者。这些志愿者大多是中年妇女，她们长期在家没有固定工作，务农为主要经济来源。她们对于"志愿者"这个词语是陌生的，理解也存在一定偏差。为了让志愿者更好地为残疾人服务，也为了让志愿者更了解"志愿者"这个特殊的职业，我们邀请了工作经验丰富的社会工作者为这些志愿者进行专业培训。同时也邀请了社会组织中优秀的志愿者分享他们的工作经验和经历。我们将通过培训，在对志愿者工作有了初步了解之后，依然愿意做服务中心的志愿者的这部分人，组成了服务中心的第一批志愿者。她们在以后的活动中付出了很多，全心全意地为残疾人服务，获得了残疾人及家属的一致好评。

（一）"阳光午餐，温暖到家"的送餐服务

1. 服务对象

在服务开始前，我们了解了周围两个村子残疾人的实际情况，经过村委会公示，确定了 20 名长期独自在家，中午无人照顾的老年重度残疾人和一户多重残疾的残疾人为服务对象。原定 20 名服务对象中男性 6 人、女性 14 人。

在志愿服务过程中，有 1 名智力一级、言语一级、肢体三级的多重残疾的 22 岁女孩因中途去市里接受康复治疗，2 位老人因病去世，不能继续为他们提供服务，经过与村委会的协商与公示，及时更换了 3 名家庭条件困难的残疾人接受志愿服务。

2. 服务内容与形式

送午饭，聊家常。

3. 活动过程

（1）志愿者岗位职责

在本次服务中前期志愿者工作是对残疾人家庭做入户调查，了解每位残疾人的实际情况，协助残疾人完成需求调查。服务中志愿者的主要工作是每天中午为残疾人送去午饭，并为有需要的

2. 服务内容与形式

家政保洁服务，理发服务。

3. 活动过程

（1）志愿者岗位职责

服务开始前期，志愿者主要工作是做残疾人家庭入户调查，协助残疾人和家属完成需求调查。

服务开始后，志愿者2人一组，分成20组，为残疾人家庭提供家政保洁、测量血压与血糖的服务。

（2）志愿者接受家政培训

静鑫社区助残服务中心对志愿者进行了家政和测量血压、血糖的培训学习，并联系了1名愿意为残疾人提供入户理发服务的理发师，在对志愿者和理发师做了服务培训和与残疾人沟通技巧培训后，居家服务项目正式开始启动。

（3）志愿者开展服务

经过村委会公示选取了20户家庭条件困难且自身为多重残疾的残疾人家庭作为本次的服务对象。

志愿者每个月入户为残疾人家庭提供家政保洁服务，为残疾人提供一个干净整洁的生活环境；定期为残疾人测量血压、血糖，掌握残疾人的身体健康情况。理发师入户为残疾人理发，帮助残疾人关注个人卫生和形象问题。

4. 服务效果

通过志愿者的努力，残疾人已经开始有了家庭和个人卫生和基本健康检测的意识。他们会力所能及地打扫家里卫生；更加关注自己和家人的个人形象，不再邋里邋遢，也不再衣不蔽体地外出；一大部分老年残疾人开始关注自己的血压问题，不再认为头不晕血压就没问题了。在居家服务的同时，残疾人和志愿者们变成了好朋友，其中一位爱写字的老人主动为志愿者们送了很多自己写的对联和福字。

四、反思

我们在志愿服务过程的不同阶段得到了专家的指导，及时做了相应的调整，同时也取得了不错的社会反响，以下为大家分享我们的农村助残项目经验。

① 因地制宜做好残疾人需求调查与分析，了解他们当时的需求及其变化情况。

本次服务的需求调查主要以服务对象所在平谷区山东庄镇大坎村和东洼村的残疾人为主要调查对象。经过入户了解了每个残疾人家庭的实际情况，并协助残疾人完成需求调查表。经过工作人员的统计，这两个村子共有残疾人 175 人，其中 132 人对家政服务（上门保洁服务）有需求，占总人数的 75.43%；122 人对个人卫生护理服务（上门理发服务）有需求，占总人数的 69.71%；118 人对个人健康数据追踪服务（上门测血压、血糖）有需求，占总人数的 67.43%。

鉴于残疾人对于这三项服务的需求最高，本次的居家服务项目便以这三项服务为主要服务内容，为残疾人开展了各项服务内容，受到残疾人及家属的一致好评。

② 做好适宜的准备工作和应急预案工作。

助残服务的主要服务对象是残疾人，而很多残疾人存在沟通不良的情况，同时为了不伤害残疾人的自尊心，在和残疾人沟通的过程中有很大的学问。为了能更好地为残疾人服务，在项目开展前期我们为志愿者开展了各类培训活动。让志愿者更好地了解残疾人，同时也让志愿者掌握更多的与残疾人相处的经验和技巧。在送餐服务和居家服务中有一部分残疾人长期瘫痪在床语言表达能力丧失，为了更好地了解这部分残疾人，志愿者提前就在家属的陪伴下了解残疾人的表达方式，明白了残疾人的依依哦哦和比画中要表达的意思。这项工作受到了残疾人和家属的一致好评，让他们更加放心地接受我们的照料。

另外，由于送餐服务中涉及入口的食品，所以在服务开始前就做了全面食品安全管理制度，如能接触到食品的工作人员和志愿者必须持有健康证、每天的食物48小时留样制度、清洁标准等规章制度。同时为防止意外发生，确定了明确的应对食品中毒预案、因不可控因素导致不能送餐的应急预案，应对突发情况做到有备无患。

③ 及时回访了解受助残疾人的意见和建议。

在为残疾人提供服务的同时我们定期做了满意度调查和不定期的入户回访，了解残疾人对近期的服务情况是否满意。通过满意度调查了解残疾人是否有新的需求。在送餐服务的满意度调查中就有一位老人很直接的和我们说："饭菜都好，以后少送点菜，现在菜多贵啊。"老人朴实而简单的话语是对我们最大的认可。同时也会有老人提出意见，如饭菜时间再焖长一点，牙口不好就爱吃软的。对于老人提出的意见工作人员及时做了标注，满足老人的简单需求。

④ 加强志愿服务人员的专业技能培训。

静鑫社区助残服务中心积极参与市残联和市志联的志愿者培训活动，积极学习优秀社会组织开展的社会工作者学习等活动，并为服务人员提供专业学习的机会。通过培训和学习可以提高服务人员的专业水平，同时也能提高服务质量。在闲暇时间，我们经常组织志愿者去"温馨家园"为残疾人提供服务。只有在生活中经常接触残疾人，才能更好地了解残疾人的需求，为残疾人提供更好的服务。

目前志愿者服务团队的主要成员是各村的爱心人士，主要以中年妇女为主。不可否认大家都是想为残疾人做一些服务，帮助残疾人改善生活。然而每个人的个人素质不同、学习能力也不同，对于专业知识的掌握能力也不同，导致分配的任务完成的效果也不同。以入户调查为例，一部分志愿者可以很顺利地完成当天的工作，而有的志愿者由于自己本身并不专业，受到自己情感的影响会导致工作效率降低，在面对残疾人不友好的情况时的表现也是千差万别的，尽管做过培训但是依然有欠缺。如何科学有效地提高农村志愿者的专业能力和执行能力同样是个难点。

⑤ 农村地区志愿服务持续发展与质量提高事宜。

第一，我们开展的助残服务多是政府购买类项目，服务周期短，如何能够让残疾人在服务周期结束后依然享受到服务或者生活质量发生改变是我们所要面对的最大问题。俗话说："由俭入奢易，由奢入俭难。"一旦政府不再购买此类服务，这些残疾人要回到依然无人照顾、温饱难以解决的生活状态吗？针对这一问题，在经过专家的指导后，我们计划联系更多的社会资源和社会力量，寻求通过饭馆送餐的方式解决残疾人的就餐问题。

第二，助残服务人员的专业能力较低，资金等问题限制了服务类型。目前我们的服务只能帮助残疾人解决基本的温饱这一简单的生理需求，然而更高层次的心理需求、精神需求层面是我们目前难以企及的服务类型。众所周知，残疾人的心理受到自身残疾的影响很容易出现心理健康问题，尤其是中途致残的残疾人。而农村人对于心理健康问题的认知非常薄弱，导致心理问题容易出现极端化的问题。还有农村青少年残疾人的康复、求学等问题，青壮年残疾人的就业、婚姻等问题，都需要以专业的知识和技能来帮助他们。

第三，如何扩大助残服务项目的影响力。目前我们的助残服务项目的服务对象只是几个村子的一部分残疾人，如何让更多的残疾人享受到相应的服务，扩大项目的影响力是我们所需要关注的重点。

以上就是我们目前为残疾人提供的服务内容和归纳总结。我们的初衷很简单，就是想尽自己最大的努力帮助农村残疾人解决温饱问题，在有能力之后为他们提供更多的服务，帮助他们改善生活质量，让更多的残疾人都活得有尊严。我们助残服务中心的助残志愿服务起步晚，专业性有限，希望能够有更多培训学习的机会，让我们有机会为更多的残疾人提供服务。"

五、案例评析

本案例以提高农村地区的重度残疾人、边远山区的残疾人的生活质量为宗旨，积极招募和培养当地的农村志愿者，在静鑫社区助残服务中心的组织下开展面向残疾人的送餐服务、居家卫生与个人清洁服务，解决农村地区残疾人的实际生活困难，对于探讨如何切实加强和改善农村残疾人的志愿扶助服务提供了有益的尝试。

案例的活动依托于党的十九大以来加强和改善农村残疾人服务的重大决策部署，立足于本社区周边残疾人家庭的当前实际生活需要，因地制宜吸纳和培养当地的志愿者，从志愿助残工作角度，致力于建设更加美丽的乡村新风貌、新文化。

活动内容的选择根据平谷区山东庄镇大坎村和东洼村残疾人的需求调查结果，以该地区残疾人所急需的四项居家服务作为志愿服务活动的首先内容，包括送午餐、清洁、理发、简单身体健康监测，从农村残疾人的基本生活保障入手，致力于改善被服务残疾家庭的生活质量。

活动形式以直接点对点的服务为主，既考虑了被服务对象当前的现实需要，也考虑了当地志愿者的人员组成、志愿观念的现实特点，一方面以居家服务的日间照料为主要形式，另一方面培养、鼓励志愿者与残疾人聊天和拉家常，帮助残疾人增加交际面，满足他们的人际交往需求。这说明项目组织方积极思考农村残疾人服务的可持续性和进阶性事宜，从生理转向心理，从单一照顾转向多元支持服务。

活动安排分为两步走，从统一备餐、分组送餐服务，再到清洁、理发、健康监测等服务。根据每一阶段活动任务的需求，积极培训志愿者的相关专业观念和服务技能，并且在活动进程中根据志愿服务双方的意见反馈积极调整工作部署，如调整志愿服务的细节，化解志愿者的困惑与困难。

活动的成功举办有赖于项目组织方对当地残疾人生活需求的深入调查与分析，也有赖于组织方根据当地志愿者的特点提供针对性的培训和指导，因地制宜设置了农村地区助残活动的思路和工作进程，同时积极反思志愿服务的过程与后续进阶服务的需要，切实为广大农村地区如何开展助残志愿服务工作以及持续推进志愿服务工作提供了有益的探索与借鉴。

案例八：初心照耀志愿，奉献"无问西东"

安利红岗志愿者

一、活动背景

毛主席纪念堂志愿服务项目是 2011 年 3 月由共青团北京市委员会和中共中央办公厅毛主席纪念堂管理局共同发起的红色公益志愿服务项目。志愿者们的主要工作内容是提供人员疏导、信息咨询、语言翻译、扶弱助残、团队预约、简单应急等服务。

鉴于毛主席纪念堂具有特殊的政治性，因而对参与提供服务的志愿者在政治素质、身体素质、服务意识等多个方面都有很高的要求。自项目启动之初就开始进行项目志愿者定向招募工作，在团市委的直接领导和参与下，定期地在企事业单位、社区和高校中招募和挑选合适的志愿人员。要求在招募的志愿者之中，中共党员和共青团员的比例不得低于 70%，而且有过大型活动志愿服务经历的志愿者的比例至少要达到 50%。本着这样的高标准，经过层层选拔，形成了一支政治觉悟较高、责任心较强、综合素质较高的优秀志愿者队伍。志愿者们积极性很高，在上岗之前，全都认真地研习了《毛主席纪念堂志愿服务工作手册》，熟悉自己的各项职责和注意事项，掌握提供专业服务必要的技能和方法，强化自己的服务意识和培养自己崇高的责任感。在知识、技能、思想、心理和应急措施等各个方面做好充分的准备。在提供服务的整个过程中，志愿者们全都佩戴统一的"为人民服务"徽章上岗。

从2011年以来，安利北京志愿者协会积极地响应"为人民服务，为主席站岗"的号召，至今已经连续七年为参观瞻仰毛主席纪念堂的海内外游客提供热情周到的优质志愿服务。他们的专业服务水平和不计名利、积极奉献的精神在社会中产生很大的反响，赢得了旅客们的广泛赞誉。

二、活动组织与实施

自项目启动以来，安利志愿者初心不改，数年如一日地不负使命，坚持无偿地服务于广大游客。每年提供至少15天的志愿服务。每天，他们在早上六点就准时地上岗，从来没有迟到和早退，全身心地投入毛主席纪念堂志愿服务工作之中。在上岗服务期间，二十多位志愿者每天都精神饱满地进入工作状态，热情地接送远来的游客，耐心地解答他们的问题，引导他们完成整个游览历程。并且随时地帮助每一位遇到困难和疑问的游客，凭借自己的专业知识、热心服务、娴熟技能和崇高责任心，确保服务流程和服务场所整洁、安全和有序，提高游客们的美好体验。23名志愿者主要承担外围引导岗、团队预约岗、蓝立方岗、扶老助残岗、献花引导岗等方面的志愿服务工作，累计服务时长超过1720个小时，接待服务对象已经超过了30万人次。

2017年11月11日，正在毛主席纪念堂"站红岗"的安利志愿者们接到了一个特殊的任务：为一批特殊的瞻仰者——13位盲人朋友提供志愿服务。

刚接到这个消息的时候，大家都感到很诧异和困惑：通常，来毛主席纪念堂参观的游客都是健康人，最关键的一点就是要"看"。而这13位瞻仰者是盲人，自然是不能"看"了。那么，他们怎么瞻仰呢？怎样才能为这些盲人瞻仰者提供满意的服务，让他们能够"看得到"呢？实现他们"瞻仰"的心愿呢？安利志愿者们都陷入了思考，琢磨着如何才能让他们如愿以偿的良策。

早在2010年，安利就开始组建北京市第一家专门为聋人朋友提供服务的企业志愿者团队——安利语翼手语服务队。目前，在这支特殊的红岗志愿者队伍中，有安利语翼手语服务队队长，还有几位手语服务骨干。在过去的8年期间，安利语翼手语服务团队在助残志愿服务方面不断地摸索和实践，现在已经积累了丰富的专业知识和实战经验。他们可以为肢残人、聋人等提供非常专业的服务。

吕嘉珩是安利语翼手语服务队队长，同时也一直是安利志愿者助残工作的主要骨干。现在呢，要接待一批盲人瞻仰者，这还是第一次。于是，他就组织志愿者们进行议论，各抒己见，集思广益。

根据志愿者们的服务经验，他们以"变换角色""设身处地"

的角度作为切入点，围绕着体贴他人、方便他人这个服务原则展开思路。吕嘉珩说："以前，在为聋人朋友提供志愿服务时，我们一直能做聋人朋友的耳朵和嘴巴。现在呢，我们除了要能做聋人朋友的耳朵和嘴巴以外，我们同样还要也能做盲人瞻仰者的眼睛！"他的这一席话点醒了大家。对呀！既然我们的服务对象是盲人朋友，那么，就要选择最适合他们的沟通方式，这样才能最好地为他们提供服务。盲人朋友看不见，但是能听得见呀。而我们可以看得见，我们可以把自己眼睛看到的东西一五一十详细地讲述给盲人朋友，通过我们的语言直通他们的内心。于是，终于找到了灵感，采用最适合他们的沟通方式：解说，也就是"通过讲述，让他们在心里看到眼前的情景"。这真是妙主意，我们随即决定组织"擅长解说"志愿者为这批特殊游客提供服务，帮助他们顺利地实现了"瞻仰"的心愿。

但是问题又来了，在毛主席纪念堂的瞻仰须知中有明确规定：在瞻仰的过程中必须保持安静，不可大声喧哗。如果想让13名盲人朋友都听得见、听得清，显然，声音不大点儿，怎么能够行呢？大家一下子又都陷入了沉默。

正在大家犯愁的时候，安利公司的一名随队员工灵机一动地说道："咱们安利的北京旗舰体验馆里不是有专业的导览器嘛！"去过旗舰店体验馆的安利志愿者们都知道，那是一套用于同声传译场合的设备。讲解人员佩戴"发射器"，听众佩戴声音"接收器"；讲解人员只需对着发射器的小麦克风轻轻说话，即可将声音清晰地传递到听众的耳朵里。至此，又一个困难迎刃而解。

"预备工作，做在前面。"这是安利志愿者服务的宗旨。

首先，积极与毛主席纪念堂的工作人员沟通商讨、策划导览方案，与纪念堂保卫处的工作人员协调沟通，为盲人瞻仰者开通了绿色通道，以保证盲人瞻仰者能够无障碍地顺利进入纪念堂。在大家的共同努力下，一次特别的"瞻仰"之旅在毛主席纪念堂即将展开。

其次，在接到盲人朋友之后，大家互相认识，初步熟络。首先告诉盲人朋友们今天导览的路线规划，然后再为每位参观者佩戴好导览器，教会他们使用的方法，最后再进行试音，调整音量。"由于进入纪念堂要保持肃静，不能说话，所以，志愿者会为您戴上导览器。"梁国君仔细认真地测试着。"好，现在咱们就来测试一下吧。喂，喂，大家能听到吗？"

"能！"声音不大的回应从这群特殊的瞻仰人群中发出来，这让梁国君听得心头一热。

"好，那咱们去安检！"梁国君保持着灿烂的笑容。她相信她的声音能够而且正在传递笑容。

讲解工作由安利团队的毛主席纪念堂运行团队队长、安利语翼手语服务队外联部部长梁国君负责。

"在祖国的心脏，在天安门广场，有一条永远流淌的思念之河。这条河，一年四季，永不停歇，永不干涸。各位盲人朋友们大家好，欢迎您来到毛主席纪念堂瞻仰参观。我叫梁国君，是今天带大家瞻仰参观的志愿者。"虽然这样的讲解词梁国君已经烂熟于心。但是最近几天，为了给盲人朋友讲解，她还是对解说词进行了反复琢磨。在不改变解说整体内容的基础上，她针对盲人朋友的特殊性，精心地进行了一些修改。例如，增加了普通人可以看到而不需要解说，但是盲人却看不见而需要解说的内容。调整了解说的语速，还有解说的语气和感情……

从毛主席纪念堂的北广场开始，沿着之前设计好的讲解流程，梁国君首先对毛主席纪念堂的整体外观进行了具象性的描述。对它的位置、落成的年份、建筑面积、外形特征等，都一一进行了详细解说。"接下来，您将走上一段有33级台阶的阶梯，之后步入北大厅，请大家小心慢行，请志愿者们扶好我们瞻仰者……"每一个步骤，每一个细节都考虑盲人朋友的特点，站在盲人朋友的立场进行定制设计，最大限度地尊重他们的感受，满足他们的需求。"……现在，在您正前方仰视45度角的地方是毛主席汉白玉坐像，领袖亲切慈祥、栩栩如生。背景是一幅气势磅礴的巨幅绒绣壁画《祖国大地》，展现了伟大祖国锦绣壮美的河山……下方便是献花台，您伸手即可以抚摸到，请拿好您手中的白色菊花，上前献花……"

"是这里吗？"一位瞻仰者用手触摸着鲜花台问道。

"是的。"陪护他的志愿者握住瞻仰者的手，为他指引献花的地方。"请把您手里的鲜花献给我们敬爱的毛主席……"

整个参观过程非常感人，观者无不为之动容。志愿者们的服务体贴入微，周到又不失尊重，不少盲人瞻仰者都流下了感动的眼泪。他们说从没想过自己也可以来"看一看"毛主席，今天安利志愿者的服务不但实现了他们的愿望，各种细节的处理也让盲人朋友倍感尊重。还说毛主席当年题词"向雷锋同志学习"，今天陪同他们参观的志愿者就是现在的"雷锋"，雷锋精神在志愿者身上继续发扬光大。

而这一天，正在毛主席纪念堂"站红岗"的安利志愿者们，以细心、贴心、专业、周到的志愿服务帮助盲人朋友们弥补了萦绕心头很多年的遗憾，完成了他们亲自"看一看"毛主席、近距离缅怀毛主席的心愿。

在之后的总结会上，65岁的安利志愿者梁国君说："我们在给予别人帮助的同时其实也是在收获，自从我成为一名志愿者那一天起，与我的付出相比，其实我感觉我得到的更多，尤其是在为残疾人朋友服务的过程中，我永远都会收获满满的正能量，以及加深对每一个生命的敬畏。做志愿者看起来是件小事，但要做好却并不容易。每当我看到我们这个团队，我都从心底感到温暖，觉得自己越活越年轻！"

安利志愿者服务队队长吕嘉珩也谈道："在服务了盲人瞻仰者朋友后，有一些盲人朋友表示，希望自己能再次来并希望能带自己的盲人朋友也来毛主席纪念堂瞻仰参观。"他还说，无论是为聋人朋友提供手语服务，还是为盲人瞻仰者讲解画面，我们都不是简单地做照本宣科地做讲述者，做翻译者，做导游者，而是倾注我们的全部身心，努力为他们着想。把自己设想成他们的亲人，甚至把自己设想他们自己，把全部的爱心溶入每一句话，每一个导览细节，真正地做他们的眼睛，做他们的耳朵，成为他们联通世界的桥梁。只有这样我们才能把助残志愿服务做到极致。

三、反思

安利志愿服务之所以开展这么长时间，主要是基于以下经验：

（一）遵守纪律，有团队精神

安利志愿服务队是在企业的支持下开展工作的。在谈到安利志愿者的志愿服务工作时，北京市残疾人福利基金会前理事长梁田先生曾经这样说道："安利志愿者们是一支来之能战，战之能胜的队伍。"一些曾经同安利志愿者合作过的志愿服务项目负责人也都对安利志愿者们有着极其深刻的印象，交口称赞他们优良的服务水平和敬业奉献精神："有你们在，我们放心。"安利志愿服务队有着严明的纪律和科学的管理运营模式。每个队员都知道遵守团队纪律和拥有良好团队协作精神的重要性。

（二）严格选拔，有专业培训

"行善尚德，助人为乐"自古就是中华民族的优良传统，奉献不问东西，为善不计得失自古就是中华民族的主流社会心理。尤其是随着建设社会主义和谐社会的运动不断地推进，无私奉献，志愿服务的精神更是在中华大地上深入人心，蔚然成风。如今，扶老爱幼，帮贫助残的事迹无时无刻不在，服务社会的志愿者随处随地都有。但是，要更有目的，更针对性地开展志愿服务，更有效地开展志愿服务，仅凭社会公民的朴素善良本性和潜意识自发的个人行为显然是不够的，也是低效的。要想更有效地服务社会，促进志愿事业的发展，就需要形成有组织、有纪律的志愿团队，把志同道合的志愿者个人力量统一引导到共同目标，集中大家的力量才能事半功倍，取得更好的社会效果。尤其是向残疾人员这样特殊的社会团队提供志愿服务时，更是如此。这样的志愿团队就要求每个队员都要在体能、心理、专业等方面达到一定的要求。因此，虽然报名参加志愿服务的人很多，大家乐善好德的热情很高，但也不是谁想当就都能如愿地进入这支特殊队伍。前期先要进行选拔，通过问答考核，选择意愿最强烈、条件最合适、服务意识最优秀的人选，而不是"一时兴起"的人。在每次组织一个志愿服务项目时，也不是谁想来就来，安利志愿者都要按照自己特有的志愿服务体系和程序对参加的志愿者进行岗前培训。

完整的培训体系是做好志愿者服务的基本要求。比如手语志愿者，必须手语要过关。经过培训后还要勤加练习，大家自愿参加考核，手语过关以后才可在聋人招聘会、残疾人招聘会等志愿服务项目中服务。借助互联网推广线上/线下手语课程，举办助残服务讲座；借助科技成果和互联网应用提升助残志愿活动的效率，扩大服务的社会影响效应。

（三）尽心尽力，有专业能力

做志愿服务，核心在于用"心"去做。应付差事的敷衍了事不是志愿服务的本质和精神。所以，每项志愿服务中某些具体的事务可能看起来、做起来很简单，但是要能做到好，却很难，也没有捷径。唯一的捷径就是你必须得"尽心"，不能单纯地把它作为一项孤立的任务去完成。你必须把它作为一项神圣的使命，一项永恒的事业，一项崇高的目标努力追求，精益求精。你必须在事前、事中和事后都要用心地琢磨思考怎样才能做到最好。因而，做好志愿服务源于长期的执着和日积月累的经验。

自成立以来，安利志愿者协会在扶残助残、关爱儿童、服务社区、推广环保等公益领域开展过很多工作。在这些经历中，安利志愿者协会打下了坚实的专业基础，积累了良好的服务经验，培养了坚定的奉献精神。所有这一切正是在此次毛主席纪念堂志愿服务项目期间能够帮助盲人朋友完成瞻仰毛主席心愿的基础和前提。

比如：案例中的为盲人瞻仰者的服务，志愿者们在上岗之前，除了掌握如何引导盲人以外，还使用了专业的导览设备，保证了讲解能够顺利进行。

当好志愿者，有时考验的不仅仅是专业能力，还需要体力过关，注意力集中。比如，在参观毛主席纪念堂的过程中，有33级台阶和30多度的大理石坡道……志愿者有时每天需要推一百多辆轮椅安全地通过这些坡道。在有些志愿服务项目中，一站就是两三个小时，这也非常考验志愿者的耐力。

志愿服务虽然不是高科技工作，但做好也不容易。在整个服务过程中，随时都要展现亲切的笑脸、一声声温暖的问候、一句句耐心的解答、一次次无私的奉献……风雨无阻，霜冻不歇，这需要精益求精、坚韧不拔的工匠精神。

（四）不忘初心，有优秀楷模

在安利志愿服务队中，有众多优秀志愿者，他们持之以恒、无私奉献的专业志愿服务，在志愿服务中起到了引领作用。

梁国君，一位退休空巢老人。2009年，在公司浓郁的公益文化熏染下，开启了自己梦寐许久的志愿之旅，成为安利北京志愿者协会的一名志愿者。虽然已经年近60岁，梁国君却是大家眼中公认的"快乐天使"，大家伙儿都亲切地称她为"梁姐"。她带动10余个对自己高标准、严要求，能胜任志愿活动的同伴，一起在志愿活动中体会奉献的快乐。

吕嘉珩是一个"80后"的帅小伙，安利"语翼"手语服务队的创立者。在加入安利北京志愿者协会以后，他积极参与各类志愿服务活动将近百项，累计服务时间近达3000个小时，在关爱儿童、扶残助残、倡导环保、服务大型赛事等多个领域都有着突出贡献，连续6年被评为安利（中国）十佳志愿者。安利手语队是北京市唯一一家专门为聋人服务的志愿服务团队，成立以来，得到了市残联、东城区残联等社会各界的广泛肯定。2010年，吕嘉珩作为优秀志愿者代表，从北京市残疾人福利基金会理事长的手中接过了安利扶残助残服务队的旗帜。2011年，手语队又被授予了东城区"优秀助残服务团队"的称号。同时手语队打造了手语同传、手语讲电影、手语大讲堂等多项标志性活动。

四、案例评析

该案例是一个非常有特色的助残志愿服务案例。安利北京志愿者协会自 2011 年以来组织"红岗志愿者",常年在毛主席纪念堂开展志愿服务项目,在帮助残疾人朋友方面积累了丰富的经验,使广大残疾朋友瞻仰毛主席的愿望得以实现,同时在志愿服务过程中树立了良好的尊重残疾人、帮助残疾人的志愿者形象。

严格选拔志愿者。这虽然是一支以外企员工为主的志愿者队伍,但是在招募志愿者的条件方面非常注重政治性,对于政治身份具有明确的规定,比如中共党员和共青团员的比例不得低于 70%,而且有过大型活动志愿服务经历的志愿者的比例至少要达到 50% 等。其次考虑毛主席纪念堂的场地比较大,还要考虑身体素质的要求。为了满足人们瞻仰伟大领袖的愿望,还非常重视"红岗志愿者"的服务意识。因此,这是一支政治觉悟较高、责任心较强、综合素质较高的优秀志愿者队伍。

能够尊重残疾朋友的特殊性。在服务过程中能够"变换角色、设身处地"为残疾朋友着想,选择适合残疾朋友的沟通方式,"做聋人的耳朵和嘴巴""做盲人的眼睛",运用手语、导盲等助残专业技能,使用导览器作为辅助支持手段,实现残疾朋友"瞻仰"伟大领袖的心愿。

沟通协调解决无障碍问题。毛主席纪念堂由于其特殊性,在行走路线、安检、参观要求等方面都有着严格的规定,对于普通人来讲是不可能改变要求的,但是面对服务对象的特殊需求,"红岗志愿者"需要跟各个部门进行沟通和协商，为盲人朋友开辟绿色通道，允许盲人朋友使用导览器，允许盲人朋友用手触摸，等等，这些专业和周到的服务，让盲人朋友流下了感动的泪水。

高素质志愿者的专业讲解。"红岗志愿者"的领头人梁国君、吕嘉珩，在服务过程中，能够充分考虑盲人朋友的特殊性，充分利用盲人朋友听觉的优势设计解说词。为了能让盲人朋友听明白，对解说词反反复复琢磨，在不改变解说整体内容的基础上，精心修改。例如：增加了普通人可以看到而不需要解说，但是盲人却看不见而需要解说的内容；调整解说的语速，还有解说的语气和感情，等等。就像他们自己所言："我们在给予别人帮助的同时其实也是在收获。""我们都不是简单地做照本宣科地做讲述者，做翻译者，做导游者，而是倾注我们的全部身心，努力为他们着想。"

这是一支有着非常强的组织纪律性和团队精神的志愿者队伍，这是一支有着高素质的非常优秀的志愿者队伍，这是一支有着大爱和责任感的无私奉献的志愿者队伍。

知识链接：导盲技巧

导盲技巧，也称为随行技巧，指视力残疾人在明眼人的引导和帮助下徒手或使用盲杖，安全、自信、优雅行走的技巧，包括：接触、换边、向后转、上下楼梯、过狭窄通道、入座、进出门、接受与拒绝帮助等技巧。

案例九：我们是你的眼，陪你听世界

天津市滨海新区助残志愿者协会

一、活动背景

天津市滨海新区助残志愿者协会（以下简称协会）2012年成立，现有会员1000余人。7年来，协会已为千名残疾人提供了爱心助残服务，服务时长万余小时。协会针对不同类别残疾人开展了多样化、个性化的一系列助残服务活动。2014年，协会创立了服务于盲人的公益项目，即"我们是你的眼，陪你听世界"公益助盲志愿服务活动。

全区现有持证视力残疾人1990人。其中，全盲或接近全盲的重度视障者730人，轻度视障者1260人。在这个群体当中，十分之三的视障者有职业，大多数视障者无固定职业或者完全无业，他们走出家门参与社会生活的机会较少。

公益助盲，是社会志愿者团体开展公益性服务活动的一个新领域。由于盲人的视力障碍，对于社会和自然界的认知和了解具有很大的局限性。公益助盲的着重点，是设法创造一定的感观条件，通过听觉、触觉、嗅觉，以及相应的语言交流，弥补视觉缺失所带来的缺憾。作为专门面向残疾人服务的天津市滨海新区助残志愿者协会，近年来在公益助盲服务领域进行了初步的探索与实践。

公益助盲服务项目创立以来，连续组织开展了盲人听大海、盲人听长城、盲人听草原、盲人听电影、盲人故事会等多项独具特色的活动。其中，盲人听电影活动每期都特邀天津市电视台两位著名主播，以他们的专业知识为盲人朋友讲电影。

二、活动组织与实施

起初，协会从探索盲人听电影入手，帮助视障者参与文化生活，让视障朋友像健全人一样到影剧院观看电影。为了使他们能够看好看明白电影，协会邀请天津电视台知名专业主持人作为志愿者，在放映现场对电影进行同步讲解。在讲解的过程中，讲解人声情并茂，使视障朋友真切地感受到影片的剧情、人物、场景以及思想内涵。在盲人听电影成功实践的基础上，协会探索并开展了盲人听大海、盲人听草原、盲人听长城等活动，组织带领区内视障者游览了滨海新区东疆港沙滩、河北丰宁坝上草原、山海关老龙头长城。

（一）典型案例之一：盲人听电影（摘自媒体报道原文）

盲人节里的心目暖阳

2016-10-15　TJTV 新闻频道

今天是第 32 个国际盲人节。为了纪念这个特殊的日子，我们新闻频道特别策划了"主播公益行"活动。主播海瑛、马钊作为志愿者来到滨海新区，做盲人朋友的眼睛，给他们讲解电影。

从三年前开始，每到国际盲人节，新闻频道的主播海瑛、马钊都会履行一个约定，来到滨海新区，和这里的盲人朋友们相聚。和以前在台上讲电影不同，这次主播海瑛、马钊要和这些熟悉的盲人朋友们"零距离"接触，坐在大家身边讲电影。而且，两位主播还特意选择了一部充满着爱心的正能量电影《志愿者》。

正是有了很多志愿者的帮助，盲人朋友的生活才发生了转变。对此，67 岁的乔习顺深有感触，这是他连续第三年参加这项盲人日活动了。乔大爷家住滨海新区塘沽街，曾经的他喜欢写作、唱歌、看电影，生活丰富多彩。可是，因为疾病的影响，从 2008 年开始乔大爷的视力越来越差，到现在只剩下了微弱的光感。而连续三年能通过听电影走进光影的世界，这也让忠实听众乔大爷收获了很多。他的心灵之窗仿佛被打开了，性格也变得坚强乐观起来。

就像乔大爷一样，很多盲人朋友通过"听电影"的方式，感受到了一份心目中的暖阳。

三年的接触下来，志愿者给大伙儿讲电影，带去听大海，主播们跟盲人朋友们早就处得像朋友一样了。

这不，从事盲人按摩的马树贵师傅，在主播们讲解电影的间隙,还给马钊义诊了一下。作为志愿者,主播海瑛和马钊在奉献爱心的过程中也收获着感动和快乐。

我们希望,有更多的朋友加入这个队伍中来,走进盲人朋友们的生活,了解他们的所思所想,用爱温暖他们。

(二)典型案例之二:盲人听长城、听大海(摘自媒体报道)
我们是你的眼
公众号 ABEN 影像日记

2017年10月15日是第34个国际盲人节。天津市滨海新区助残志愿者协会13名志愿者组织带领30名盲人朋友走进天下第一关山海关和老龙头景区开展听长城,听大海活动。外面的世界很大,很精彩。你们看不见,我们带你去听,因为我们是你的眼。

秋雨绵绵,行程紧凑,但丝毫没有减退红衣志愿者们无私奉献的热情,他们的精神深深地感染着盲人朋友们。我们的志愿者通过自己不同的方式,告诉和传递给盲人们所看不到的世界,用细心的服务真正成为他们的眼,带他们亲近伟大的长城,辽阔的大海。

通过为他们拍照,志愿者近距离地感受他们的行为举动,了解他们的日常工作状态和生活细节;同时,也更加感慨于盲人这个特殊的群体对我们人生启示的重要性。

让我们更多的人加入这个助残志愿群体,通过我们的不断努力使此类公益项目越做越好,越做越大。希望更多的志愿者带着盲人朋友走出去,用心感受多彩的世界,美好的未来。

天津市滨海新区助残志愿者协会自2014年连续组织的盲人听电影、听草原、听大海等助盲服务项目，已经成为滨海新区独具特色的公益明星品牌。

（三）典型案例之三：盲人听草原（摘自媒体报道原文）

有爱一路陪伴　世界没有黑暗
■滨海时报记者　张智

天苍苍野茫茫，风吹草低见牛羊……能够"看见"书本上的草原美景，对普通人而言很简单，但若是换成盲人朋友，便具有了特别的意义。7月16日至17日，滨海新区助残志愿者协会组织了"让爱一路陪伴——盲人听草原之旅"活动，24位视障朋友在志愿者的陪伴下前往河北丰宁坝上草原，一起用心感受草原之美。

"感觉真是太棒了！"

"咱们头顶是蓝天白云，脚下是一望无际的草地。蹲下感受一下，能不能闻到青草的味道，伸手摸一摸是不是软绵绵的……"17日上午，志愿者李明发领着视力残疾人张庭浩漫步在风景如画的坝上草原，尽可能详细地描述着眼前所见。

"我能想象眼前的风景有多美，我小时候从《射雕英雄传》里看到过，周围是不是还有马，我好像听到了马叫。"青草的香味似乎一下子打开了张庭浩深藏在脑海中的记忆，这让他兴奋不已。张庭浩是在10岁时因手术后遗症失明的，对于草原还有模糊的记忆。

"第一次踏上草原,虽然眼睛看不见,但我能感受到草原上的凉风,听到悦耳的鸟叫、马鸣,闻到清新的泥土气息,感觉真是太棒了!"张庭浩告诉记者,自从盲校毕业参加工作以来,他的交际圈子就越来越小,平时几乎都住在工作的按摩店里,很少出门,更没有想过能走出天津。他感叹:"这是我到过的最远地方!"

年纪稍小的魏长锟和王桐释放激动之情的方式更为直接、热烈。志愿者刚把他们领到一块平坦的草地上,两人就打起了滚儿,抓起地上的杂草向空中抛去。虽然视力不佳,但魏长锟特别喜欢拍照片。他围着一匹正在吃草的骏马转了一圈,选定角度后将手机贴到眼前,凭着感觉摁下快门。"不管拍得好不好,我都要把照片带回去和家人朋友分享,让他们和我一起分享这份快乐。"魏长锟脸上堆满灿烂的笑容。

两个半天的紧凑行程中,在滨海新区助残志愿者协会的陪伴下,24名视力残疾人不仅"欣赏"了草原美景,还体验了骑马、草地摩托等独具草原风情的旅游项目,让他们大呼过瘾。

让爱一路陪伴下去。

目前,新区有1990名视力残疾人。他们由于视力障碍,平日很少出门。因此,如何帮助他们克服恐惧心理,减少出行障碍,一直都是残疾人工作者努力的方向。

"收音机是他们了解外界资讯的主要渠道,像蓝天、白云、骑马、蒙古包这些大草原的独有文化符号,在他们脑海里只是一个抽象的概念。这次在滨海新区助残志愿者协会的帮助下,视力残疾人有机会亲身走进大草原,用听觉、触觉、嗅觉等感官去接触大自然,对他们来说是一次非常难得的人生体验。"滨海新区盲人协会主席何琨告诉记者,这次草原之行让视力残疾人群体感受到了社会对他们的关爱,今后希望能够有更多的机会带他们走出家门,融入社会。

三、社会影响

为了吸纳社会力量,协会还与爱心企业合作,以企业冠名的形式开展活动。协会还与天津市电视台、滨海电视台、滨海时报、滨海新区团委等建立长期合作关系,同时通过微信、微博、志愿者平台大力宣传。协会先后组织了一系列义卖活动筹集善款,义卖活动广泛吸引社会各界爱心人士、爱心企业加入助盲爱心队伍。

四年来,参加助盲服务的志愿者 630 人次,参与活动的盲人朋友 1364 人次,组织爱心义卖活动 36 场。天津市电视台、滨海新区电视台、滨海时报、滨海新区团委持续对活动进行跟踪报道,产生了良好的社会效益。

四、反思

解析上述业已实践的公益助盲典型案例,志愿者社团的任务实施由三部分构成。

(一)公益助盲服务项目的策划

2013 年 3 月至 12 月,协会对新区 1000 名视力残疾人开展需求调查。通过入户走访、会议座谈、网络征集、问卷调查、政策咨询等形式进行调研，2014年初予以分析汇总。调研结果显示，广大视力残疾人，特别是重度视障盲人对于走出家门参与社会文化生活有迫切需求。协会有针对性地研究创立了"我是你的眼，陪你看世界"的助盲服务项目。先从组织盲人听电影和盲人故事会入手，不断摸索经验，逐步组织盲人听大海、盲人听长城、盲人听草原等形式多样的助盲服务活动。每次组织活动之前，协会指派项目责任人赶赴现场踩点儿，进行实地考察。然后做出费用预算，制订项目计划书。

（二）公益助盲服务项目的实施

一是人员保障。按项目的工作量招募相应的志愿者，确定责任与分工。二是专业培训。要求志愿者两人一组，一人扮演盲人，一人扮演志愿者，体验在活动中如何更好地服务，如何保障视力残疾人的安全。三是要求志愿者提前学习和了解景区的情况，以便更好地帮助服务对象感受不同的景色。例如：在盲人听大海的活动中，需要志愿者边讲解边牵着服务对象的手，共同感受海水与沙滩的细腻，体会海风吹过带来的清凉，为他们讲述大海的样子。在盲人听草原的活动中，需要志愿者陪着服务对象漫步在草原上，感受草原的辽阔与清香。在盲人听长城的活动中，引领服务对象攀登长城，触摸长城，感受长城的庄严，讲解沧桑的历史。四是与爱心旅行社合作，招募爱心车辆，确保出行安全。五是助盲志愿者、盲人朋友及其家属均与协会签订出行安全协议书。

(三) 公益助盲服务项目的费用

费用来源，一是通过协会组织志愿者开展爱心义卖活动；二是由爱心企业捐助，争取政府适当投入。

天津市滨海新区助残志愿者协会将在实践中进一步探索，使社团公益助盲服务不断深化。

五、案例评析

公益助残是近些年来提出的新的助残方式，天津市滨海新区助残志愿者协会的"公益助盲"的探索和实践，为助残志愿服务提供了新的方式与方法，他们的公益助盲具有有的放矢、细致周到、策略新颖等特点。

从视力残疾人的需求出发，解决他们的迫切需要解决的问题。他们对视力残疾人的需求进行了多种形式的调查，从而找到助残服务的切入点，不盲从，不盲目。

在志愿服务的过程中，在重视对志愿者进行严格专业的助盲技巧培训的同时，还要求志愿者要掌握所服务内容的相关知识，要求他们提前熟悉准备，以便为视力残疾人更好地服务。

采用企业冠名的方式积极吸纳社会力量参与志愿服务。这既可以解决部分助残服务中资金财务问题，还扩大了社会影响，使得更多的人能够参与到助残服务中来。

在出行安全方面，和志愿者、残疾人及其家属签订安全协议书的方法很好。如果能够购买出行安全保险就更好了。

案例十：用心聆听　让爱绽放

北京青檬志愿者联盟

一、活动背景

北京青檬志愿者联盟是 2012 年由关注社会弱势群体，关心残疾人群，热心环境保护等公益事业的年轻人自愿组成的专业志愿服务团队，秉承"奉献、友爱、互助、进步"的志愿服务精神，通过志愿者行动，为社会提供志愿服务，弘扬中华民族社会风尚和舍己为人的传统美德，奉献爱心，服务社会。

"用心聆听　让爱绽放"服务项目，是北京青檬志愿者联盟自 2013 年以来持续开展的阳光助残、文化助盲系列项目的延伸，旨在为生活在黑暗世界中，看不见世间万物，只能凭借触摸、气味和声音去感知这个世界的视力障碍者提供帮助。

视力障碍人群在学习、工作、购物、就医、旅游以及外出行走、乘车等方面存在一定的障碍。所以在为残疾人服务的慈善事业中，助盲是一项具有代表性的活动，也是需求量比较大的项目。鉴于视力障碍人群在丰富文化生活、出行、培养兴趣特长、融入社会等方面存在的现实困难，志愿者需要采用"一对一"的帮扶方式，帮助视障人士解决其实际问题。

二、活动组织与实施

在案例的实施过程中，项目注意打造项目平台，对接志愿者和受助者，为双方搭建互信桥梁；加强志愿者培训，培养专业性高、具备导盲随行经验的志愿者，为服务受助者做好前期铺垫；定期组织受助者走出家门，感知户外美景，拓展受助者融入社会、触摸自然的机会；创建读书朗诵组织，为志同道合的受助者共聚一堂创造机会，分享阅读经历，交流阅读经验，鼓励受助者从实际出发，探索服务和帮扶特殊社会群体的针对性方法。

（一）谈梦

每逢春暖花开的季节，青檬志愿者联盟都会多次组织专题座谈会，邀请志愿者与视障人士坐在一起，以"假如给我一天光明"为主题畅所欲言，聆听视障人士的心声。

"假如我有一天能看到光明，我想给我的父母做一顿美味佳肴，报答他们多年来对我的付出与养育之恩。"

"假如给我一天光明，我想去天安门，去纪念堂看看伟大的领袖毛主席。"

"假如给我一天光明，我想看看鲜花的颜色，看看蓝蓝的天、白白的云,看看电影,看看美丽的大草原、辽阔的大海,等等。"

通过"谈梦",盲人朋友们表达了在普通人看来抬脚就能完成的再简单不过的事情,但这确是盲人朋友们的梦想。通过这种方式,增进了志愿者们对视力障碍者的了解,最关键的是从中了解到了视力障碍者的真正需求,从而能够根据他们的需求有的放矢地向他们提供志愿服务。

(二)圆梦

盲人朋友们的梦想,是他们埋藏在心底的、奢望已久却一直未能实现的梦想。而在青檬这个年轻人聚集的团队里,青年志愿者想尽一切办法帮助他们一一地实现。

1. 搭建平台,招募志愿者

针对服务对象的特殊性,北京青檬志愿者联盟发挥团队特长,并面向社会和首都高校公开招募阳光助残志愿者,通过层层筛选,选拔出符合助残志愿者要求,并且愿意加入助残服务队伍的人员。

2. 对志愿者进行助盲知识及技术培训

"普通人在马路上看到有视力障碍者,第一个想法可能就是直接地走过去,拉着视力障碍者的胳膊,直接地引导他安全地前行。可是,视力障碍者根本就不知道你是谁,在心理上就不太立即能适应。况且并肩平行地走路,他们也不敢放心地向前迈步。"徐立斌(北京青檬志愿者联盟的创立人)向队伍里的志愿者介绍着:"正确的做法应该像这样,先轻轻地拍一下视力障碍者的肩膀,跟他说自己是志愿者,可以帮助他过马路。在获得对方的同意之后,志愿者在前,视力障碍者在后,让视力障碍者握住志愿者的胳膊往前走。"

这些细节,在徐立斌看来至关重要。"我们经常参加北京市盲人学校和北京市残联举办的助盲培训,再通过'以老带新'的方式教给其他志愿者,让更多的人都知道该怎样做,才能更好地同视力障碍者打交道。"

北京青檬志愿者联盟和中国盲文图书馆双方合作,本着共同发展、联合互补、快乐助盲的原则,长期携手共进,联合举办各种各样的阳光助残项目及相关的培训活动。截止到现在,北京青檬志愿者联盟青年志愿者共参与各类视力障碍服务活动一千多人次,服务时长超过 4000 个小时。服务的领域涵盖了视力障碍文化活动演出、活动现场服务、培训、国外文献翻译、陪盲人外出游玩、图书馆书籍整理、校对、文字录入、口述电影、有声读物录制等服务。

3. 走进毛主席纪念堂

"假如你能拥有三天的光明,你最想做什么?"很多视力障碍朋友都希望能够走进毛主席纪念堂,"用心"瞻仰伟大领袖毛主席的遗容。为了能够帮助视力障碍朋友实现这个小小的心愿,北京青檬志愿者联盟积极地同毛主席纪念堂管理局进行联系,并且在其大力的支持下,制订了带领视力障碍朋友参观纪念堂活动的计划。2017 年 12 月 15 日清晨,30 名视力障碍朋友在北京青檬志愿者一对一的爱心陪伴下,来到了毛主席纪念堂。

30 名视力障碍朋友在志愿者一对一的陪伴引领下,顺利地抵达天安门广场。在毛主席纪念堂管理局工作人员的引导下走进毛主席纪念堂。视力障碍朋友们在青松翠柏和鲜花围绕的汉白玉主席像前举行了简短的纪念仪式，肃立脱帽鞠躬。随后在工作人员的带领下，志愿者陪同视力障碍朋友来到瞻仰厅，有序地瞻仰毛主席的遗容。

在整个过程中，毛主席纪念堂管理局对北京青檬志愿者联盟开展的此次陪伴帮扶志愿活动表示肯定，并给予大力的支持，而且还特意地为这些特殊的参观者安排了一场宣讲活动，带领志愿者和视力障碍朋友学习我党领袖的思想，感受他们的人生风采和人格魅力。在纪念堂大家认真聆听工作人员的专业讲解，让大家深刻感受到了中国共产党领导各族人民建功立业的历史画卷。走出纪念堂后，志愿者还陪同视力障碍朋友游览了天安门广场，瞻仰了人民英雄纪念碑，并组织大家进行合影留念。

69岁的志愿者郭秀芝是一名"老志愿"。自从加入青檬，这位戴着助听器的白发老人就跟着徐立斌参加各类服务项目，被评为"北京最美的慈善义工"。作为本次活动的主要协调人，她格外地卖力，始终忙前忙后。在她的争取下，毛主席纪念堂的工作人员特意地为这些特殊的参观者安排了专人讲解。

"这是我一生的梦想，没想到这么快就实现了。"从小双目失明的73岁老人陈贺年说起这场经历时，禁不住地有些眼角湿润，声音有些颤抖。同是视力障碍的老伴儿赵菊康在一旁听着，也禁不住地连声道谢。为了参加这次活动，这对年迈的夫妇在凌晨六点钟就早早地出了家门，从昌平南口坐上公交车，先后倒换了五趟车才来到这儿，总共花了将近三个小时。

走出纪念堂，徐立斌照例给大家拍了合影。"视力障碍者虽然看不见，但是，他们特别地喜欢照相，每次活动都希望有照片，回头还会发到他们自己的群里。"

本次活动中，志愿者们一路上不仅要细心地陪同和引导视力障碍朋友们游览，确保他们的安全，而且还要更努力地做好视力障碍朋友们的第二双眼睛，为视力障碍朋友们讲述着自己看到的一切，让他们能够切身地感受到慈爱安详的毛主席、开阔壮观的天安门广场、庄严肃穆的纪念碑。

4. 听书和听电影

看书、看电影和看电视，对于这样的事情，我们普通人觉得太平常了。但是，就是这样平常的事情也是很多视力障碍者不易实现的愿望。在盲文图书馆的口述映像馆里同样也活跃着一群热情的志愿者。他们定期地陪伴视力障碍者来盲文图书馆参加各种活动。他们陪着视力障碍者一起"听"书，一起"听"电影。

除了直接帮扶视力障碍者以外，青檬志愿者们同时还有一个任务，整理图书，参与讲电影和读书活动。

5. 走进剧场

有一天下午三点钟左右，剧场外来了一个特殊的群体。他们有老有少，手中拿着盲杖在"蓝马甲"的陪同下来到剧场，他们正是北京青檬志愿者联盟邀请来的 20 位视力障碍朋友。这批视力障碍朋友是在志愿者一对一的陪同下来欣赏《中国元气——八仙桌》演出的。在如今这个西洋音乐演出基本上只出现在民间传统音乐演出节目中的年代，能够让视力障碍群体在京城也可以欣赏到这样一场震撼的视听盛宴实属不易。青檬团队积极地协调主办方，并在安徽驻京团工委的大力支援下，提前为大家预留出了座位。演出开始后，每位视力障碍朋友都听得有滋有味，陪在身边的志愿者还不时地为他们小声介绍着所看到的场景及演奏乐器，帮助每一位视力障碍朋友在这个震撼的环境中聆听整个世界。

6. 走进博物馆

走进汽车博物馆，21名视障人士在志愿者一对一的带领下，一边听着专业讲解员讲解汽车的历史，一边参观汽车博览、主题展览、汽车科普、汽车娱乐、学术交流等功能展示区。讲解员将一部世界汽车发展史呈现在这些视障人士的脑海中。中国古代的指南车、世界上第一辆汽车"奔驰一号"、最早进入中国的汽车之一——"杜瑞亚L型"，还有丑小鸭、雪铁龙2CV、瓢虫汽车、斯巴鲁360……这些经典汽车以1:1的比例做成了仿真模型。展厅中也有不少真车，乍看真假难辨，非常精致，就是这样的车全部呈现在视障人士和志愿者面前，他们通过讲解员和志愿者的讲述以及部分实物车模的触摸，感受到了中国汽车工业发展的辉煌和国际领先汽车的技术文化。

在整整两个小时的参观过程中，每一位志愿者都细心地陪伴在视障人士的身边，耐心地看着展品介绍，然后再逐一地讲述给自己身边的伙伴听，并不放过任何展区内可以触摸到的展品，用心让身边的伙伴感受这个美妙的汽车世界。

7. 走向大自然

活动当天，20 名青檬阳光助残志愿者一早来到北海公园南门，在门口耐心地期盼着每位视力障碍朋友的到来。进入公园后，志愿者耐心地向视力障碍朋友介绍公园的历史、位置、面积、公园中的植物及湖中景象等。引领视力障碍触摸无害植物，感触其外观形态，轻嗅花香，感受自然的气息。

8. 温暖回乡路

在北京，有上千家视力障碍者就业机构。其中，许多视力障碍朋友来自外地，因为工作的原因，他们平时很少回家。春节是一年中最重要的节日，在京的数千名视力障碍也将汇入春运大军，踏上回家之路。视力障碍在出行时需要有专业的服务，在上楼、转弯、遇到障碍物时，特别需要有专业的人员引领他们行走。

北京青檬志愿者联盟依托北京西站春运志愿服务优势，特别给予这些视障人士在取票、购票、改签、进站等方面提供专业的志愿服务和帮助。

在北京西站地铁出站口、火车站出站口、电梯旁、地下换乘通道、问讯处等部位，他们为各类弱势群体提供无偿帮扶数十次，其中包括，协助老年人搬运行李，送行动不便老人乘坐公交车，帮助肢残人士进站检票，引领视力障碍朋友购票等。在服务过程中每位志愿者都用专业、周到、热情的服务为每位需要帮助的旅客提供帮助。

三、社会影响

"用心聆听 让爱绽放"文化助盲服务项目,也带动了活动现场周边市民参与到志愿服务活动中。通过活动宣传让市民了解视障群体,了解无障碍设施,对消除社区周边占用无障碍设施的现象给予了极大的帮助。在活动场地周边和视力障碍者经常经过的路口都可以看到愿意伸出援助之手帮忙过马路的群众,占用盲道和盲人设施的现象现在也明显减少。

志愿者通过参与活动对视力障碍群体有了更加深刻的了解,学习到了帮扶这个特殊群体的专业知识,同时也从服务中积累了经验,促进了帮扶知识的普及。此外,他们也从视力障碍者身上学到了坚韧的生活毅力,增强了自我融入社会的信心。

以"青春活力托起希望,真诚奉献互助成长"为宗旨,在青年学生中弘扬"奉献、友爱、互助、进步"的志愿精神,倡导学生利用课余时间参与社会公益活动,通过服务视障群体生活毅力,培养爱心,体验人生,获得特殊的挑战经历。在参与"用心聆听 让爱绽放"文化助盲服务项目过程中,青年学生们获得了正确接触社会,认识社会的机会,在接受相关培训的同时,学习到了助人为乐,帮残助困的技能,了解了社会弱势群体的现状,提升对现有生活的反思,在不同年龄,不同专业,不同学习环境的人群中,锻炼了社会实践经历,培养了社会思维,提升了在沟通、表达、办事方面的能力,为今后走向社会积累了经验,开阔了视野,奠定了基础。

四、反思

北京青檬志愿者联盟"用心聆听 让爱绽放"服务项目开展丰富多彩的活动，得到了社会各界的高度评价。

（一）从管理的角度看，组建独立的管理团队是项目运营的保证

北京青檬志愿者联盟针对"用心聆听 让爱绽放"服务项目单独组建管理团队，设组长一人，副组长三人，执行专员六人，统筹财务一人，将项目分割成志愿者培训、文化助盲、社会融合感知世界、"帮盲"回家四个分项目，由组长统筹，实行专人、专岗、专项服务原则，帮助视障朋友走出家门了解世界万物，充当他们的眼睛，帮助他们看社会万千，与他们一同学习、交流和充实自我。

（二）从志愿者组成看，招募青年学生做主力是项目完成的根本

在参与服务的过程中，志愿者会接触到各式各样的受助者，他们的家庭背景、生活习惯、处事方式截然不同，但要顺利完成服务工作，就要适应他们，了解他们。而适应和了解服务对象的最好方式就是要在服务活动之前，学习大量的资料与知识技能。青年学生对于学习很在行，对知识的掌握速度很快，所以，在助盲培训中，他们的接受能力也很强。掌握专业知识只是参与助盲

服务的一个基础。志愿者与视力障碍朋友在不断认知过程中有了彼此信任，产生了友谊的火花，视力障碍朋友们的生活中从此有了志愿者的身影，对社会增加了信任感。志愿者同时也更加了解视力障碍，学习到了与其交流方式，培养了自身责任感和社会使命，打消了信念中对他们的误会，增强了帮助弱势群体信心。

每年春运期间都会有一部分在北京生活学习的视障人士离京回家过年，他们需要前往北京各大交通枢纽乘坐汽车、火车回家，这群人在拥挤的客流中并不显眼，因而，匆匆而过的路人很少能注意到他们无助的身影。他们往往会独自地站在某个角落，茫然无措，不知道该向谁求助，能向谁求助，因为他们看不到，他们不知道前方路在何方。在这个时候，青檬的青年助盲志愿者们就总是主动地出现在他们的面前。经过培训的高校青年志愿者们利用寒假期间，积极主动地参与到助盲服务中来，志愿者与视障人士就近一对一帮扶，按照乘车要求服务接送他们乘车。该项目开展以来等到了北京邮电大学、北京城市学院、北京联合大学、北方工业大学等多所学校的积极响应，春运期间参与学生志愿者可达五百余人次。

（三）从服务内容看，志愿者发挥自身优势及专业特长是项目完成的基础

青年志愿者发挥自身优势及专业和学业特长，每周参与"文化助盲 共享书香"主题活动。通过和视障人士面对面地读书分享、朗诵交流这种活动方式，组织志愿者同视障者进行线下互动交流，分享乐趣。同时，通过面对面地进行交流，掌握视障者对图书种类爱好及阅读的需求，通过有声读物录制方式，组织大学生志愿者为他们提供图书录制、翻译、校对等专业帮扶。从不同的角度引导视障者感悟文学，分享书香。

通过志愿者同视力障碍者之间的良好沟通，通过为视力障碍者搭建视力障碍者同视力障碍者之间的沟通渠道，在大家进行良性互动的过程中，促进彼此提升。在参与服务时，志愿者学到了知识，产生了实实在在的助人乐趣，经过专业培训掌握了助残知识，了解了残疾人群，迎合视力障碍朋友自身所具备的专业素养，为他们进行视力障碍阅读、教育、文艺、朗诵等不同方面的沟通服务。

（四）从组织形式看，积极寻求合作实现共赢是项目始终追求的目标

由于有高效专业的管理运营团队，所以，"用心聆听 让爱绽放"服务项目在开展工作时，能积极地同有关单位开展合作，从而使工作得以顺利开展。从案例概述部分可以看出，他们所组织的每一次活动，都有合作单位，例如中国盲文图书馆、北京西站、毛主席纪念堂等。有了这些合作单位的支持，使得活动得以顺利开展。

"用心聆听 让爱绽放"服务项目，是一个民间公益性质的项目，没有任何政府资金的支持。有时需要志愿者自己掏腰包解决一些服务中产生的费用。因此，该项目积极使用志愿北京的平

台发布志愿者招募信息，积极申请志愿北京的小微项目支持，以期解决一些资金上的燃眉之急。

五、案例评析

"用心聆听 让爱绽放"服务项目作为北京青檬志愿者联盟下面的一个子项目，虽然是一个民间性质的志愿服务团队，但是依托北京青檬志愿者联盟，通过严密的组织机构，采用"谈梦"的方式了解了盲人朋友们最需要的需求，实实在在地为盲人朋友开展了志愿服务活动。

组织严密，分工明确。"用心聆听 让爱绽放"服务项目单独组建管理团队，管理层包括项目组的组长和副组长，执行专员和财务管理，执行层面由组长统筹，实行专人、专岗、专项服务。项目设施有策划和设计，分割成志愿者培训、文化助盲、社会融合感知世界、"帮盲"回家四个分项目。通过严谨的管理和项目策划，保证了志愿服务工作的顺利进行。

志愿者以大学生为主，有朝气有活力。项目在实施过程中，注意招募大学生志愿者参与活动。大学生志愿者有热情、学习能力强，大学生来自不同的学校和专业，他们的专业知识，使得他们可以更好地开展文化助残服务工作。大学生成为该项目志愿团队的主力军，保证了志愿者的人员质量。

需求调研有情怀，项目设计有生活。在了解盲人朋友的需求时，以"假如给我一天光明"为主题进行"谈梦"式的座谈，引导盲人朋友表达他们最需要的。通过"谈梦"式座谈了解到盲人朋友的需求后,又以"圆梦"的理念设计了参观毛主席纪念堂、听书和听电影、到剧场观赏音乐剧、参观博物馆、游览北海公园、返乡服务等,这在现代人生活中再普遍不过的活动,真正通过志愿服务解决了盲人朋友们的实际生活需求。

志愿者培训,重知识与技能。助残志愿服务由于面对服务对象的特殊性,需要志愿者掌握一些适合残疾朋友的专业技能,比如手语、盲文等技能。项目组在开展志愿者培训工作中,形成了自己的培训方式和风格,比如采取集中培训以及以老带新,现场指导等形式,使志愿者们掌握专业技能,使助盲服务做到专业化。

"用心聆听 让爱绽放"服务项目在实施过程中,既有雪中送炭也有锦上添花,但是都是在充分调研基础上,基于视力障碍者需求的服务。

案例十一：爱心相助，重燃生命之火

北京市延庆区百泉街道湖南居委会

一、个案背景

1. 服务对象基本情况

小兰（化名），女，42周岁，未婚，患先天脑性瘫痪，是一名极重度肢体残障人，肢体一级残障。由于身体原因，小兰小学未毕业，但有一定的理解能力，不存在智力障碍。由于脑瘫，小兰语音表达含混不清，无行走能力，生活基本不能自理。其父早已去世，目前和母亲一人居住，日常生活都由其母照顾。

小兰长时间情绪波动，易怒，觉得无人理解自己，经常因为小事情和母亲吵闹，抱怨母亲，情绪激动时常有用头撞桌子、撞墙的行为，有的时候还有自伤的情况发生。若晚上睡眠不好、失眠，第二天就会情绪激动，恼怒，大吵大叫。

在居委会工作人员去看望她时，她的情绪就会稍好，但这样的好情绪不能维持很久，工作人员走后不久，小兰很快就又回到了情绪波动的状态。

2. 小兰的问题分析

社区工作者为全面掌握小兰的具体情况，进一步有针对性地开展了入户调查工作。

关于小兰的情绪波动，她的母亲认为她是在无理取闹，不能够正视自己的残障状况，没有毅力坚持训练，认为她存在很大的惰性。针对于小兰的情绪问题，其母表示束手无策，在她发脾气的时候，也只能好言安抚，但是不仅不起作用而且效果越来越差。

对于自己，小兰有自己的期待和愿望，她认为自己的情绪问题源自自己身体残障，只有自己身体残障恢复，自己才能有能力实现自己的生活愿望，生活才能够真正地有意义。

关于社会支持系统，居委会的工作人员为小兰申请了低保等相关救助政策，有时间还会到她家中，与其谈心，调节她的情绪问题。还有两名党员志愿者不定期到小兰家中看望，并为其提供简单的生活训练。

二、服务方案的确定及实施

1. 成立个案服务小组

社区工作者依据服务对象的问题特点选择了 7 名社工组成社区志愿服务小组。在服务小组中有 2 名社工具有心理咨询师资格，接受过专业的心理咨询师培训，在志愿小组中负责服务对象的心理疏导和情绪管理；还有 3 名社工在残联工作，具有残疾人康复工作经验，在志愿小组中负责服务对象的肢体康复训练；还有2名社区居委会成员，具备居委会工作经验，负责服务对象的服务资源协调等相关工作。

2. 确定个案服务目标

社区志愿服务小组针对服务对象的情况，确定志愿服务目标为：情绪疏导和康复训练结合，帮助服务对象建立自信，协助服务对象进行康复训练，提高自身身体行动机能，最终实现乐观、积极地面对生活。

3. 确定个案服务内容

围绕志愿服务目标，结合服务对象在情绪、身体等方面的问题与需求，志愿服务小组初步制订服务计划，从以下几个方面开展志愿服务内容：

① 采取共情、尊重和积极关注的态度，与服务对象谈心，和服务对象交朋友，表达对服务对象的充分理解。

② 对服务对象进行放松训练，并传授放松训练的技巧，使得服务对象在有情绪波动的时候能够自己通过放松训练抵抗情绪的波动。

③ 对服务对象进行科学有效的康复训练，并向服务对象介绍康复训练的技巧，利用阳性强化法让服务对象建立正确的康复信念，长期自觉地进行康复训练，提高身体的功能。

④ 针对服务对象的不合理认知，采取合理情绪疗法，帮助服务对象树立正确的人生观，结合模仿法，发挥榜样的作用，激励服务对象建立合理认知，激发正确的行为。

⑤ 综合社会工作和心理学的知识，协助服务对象树立积极、乐观的人生目标，正确认识自身的生活意义，确立积极的人生态度。

4. 确定心理干预方法

社区志愿服务小组依据预估分析得出服务对象对于自身残障的不合理认知是不能接纳自身的残障境况，以及对自己生活状态存在不切实际期望的情况，运用理性情绪治疗方法来处理服务对象的非理性信念，帮助服务对象消除情绪和行为上的困扰；并采取心理咨询的模仿法，为服务对象树立自己行为的榜样，改变服务对象的态度，增强服务对象改变自己的决心；依据对服务对象肢体技能的评估，确定选择全面综合康复的康复理念，结合专业康复指导老师的建议，设计相关的练习方案。在基础康复训练的基础上，为了避免康复训练过于枯燥，增加服务对象的康复训练的兴趣，志愿服务者把康复训练与游戏活动相结合，让服务对象在轻松、有趣的游戏中学习到必要的技能。

5. 实施服务

在开展志愿服务的时候，社区志愿服务小组将志愿服务分为情绪疏导、自信建立和肢体康复三个方面，每两周入户进行相关服务。

在正式开展服务之前，通过初步分析服务对象的基本情况、家庭环境、社区可利用资源等方面，社区志愿服务小组确定第一阶段的服务目标为情绪缓和、肢体功能初步康复。

志愿服务小组针对服务对象出现情绪波动的时候，就会出现紧张、焦虑的现象，志愿服务者尝试引导服务对象表达出内心对情绪的真实感受。服务对象向志愿服务者表达自己的残障让自己很苦恼，由于身体的残障，自己无法改变自己的生活，实现自己的愿望，同时，服务对象认为志愿服务者也无法改变自己的身体残障的现实。最初两次，服务对象对志愿服务者表现出不完全信任的态度。针对服务对象这样的心理状态，志愿服务者首先和服务对象建立信任的关系很重要。志愿服务者对服务对象采取无条件地接纳态度，并且把这样的接纳态度传递给服务对象，让服务对象感受到志愿服务者对自己设身处地地理解。其次，志愿服务者利用自己团队中的残障队员，为服务对象树立榜样，让服务对象了解这位队员的成长经历。经过这样交流，服务对象对志愿服务者建立了信任关系，并且希望自己也可以像这个志愿服务者一样。志愿服务者通过采用心理咨询的模仿法，为服务对象树立了自己行为的榜样，改变了服务对象的态度，增强了服务对象改变自己的决心。

　　经过几周的接触，志愿服务者了解到服务对象缺少应对自己紧张焦虑情绪的方法。针对这个问题，志愿服务者运用心理咨询中的放松疗法原理，结合服务对象自身的特点，指导服务对象通过放松练习应对自己紧张焦虑的情绪。首先，志愿服务者请服务对象想象一个让自己产生紧张焦虑的情景，描述自己处于这个情境中时身体和心理的感受，并用自己的语言描述自己的感受；之后，志愿服务者向服务对象介绍肌肉放松法的基本方法，指导服务对象进行肌肉放松法的练习。在反复进行肌肉放松之后，志愿服务者引导服务对象觉察自己经过放松练习之后自己身体和心理的感受,并且用自己的言语再次描述一下自己的感受;志愿服务者指导服务对象将前后两次感受进行对比,体会肌肉放松练习对自己的改变。志愿服务者在指导服务对象进行放松练习的同时,为服务对象写下"从现在开始,我会坚持练习,并且控制自己的情绪。我说的话越来越清晰,从而可以和大家很好的沟通,得到大家的赞扬"的暗示语,指导服务对象进行自我暗示,增强自信。

6. 效果评估

在一次与居委会成员座谈当中,居委会成员向志愿服务者谈到对服务对象进行家访的时候说道:现在可以用阳光来形容服务对象的状态。以前她在我们面前总是唯唯诺诺的,总是感觉她很失落;现在不同了,我们一去她家里,她总会给我们展现她的进步,让我们了解她自己能做什么事情了,脸上充满了欢喜的笑容,可以用阳光女孩形容她。

志愿服务者对服务对象进行阶段性的回访,观察到服务对象脸上洋溢着欢快的笑容。服务对象向志愿服务者讲述自己所看的书,自己进行康复训练的情况,和志愿服务者分享第一阶段对自己生活的领悟,服务对象的话语中充满了积极向上的语气。服务对象重燃生命之火,对自己和未来充满希望,正在用自己的方式改变自己的人生。

三、反思

（一）案例成功经验

1. 围绕社会工作理念，结合心理学理论，开展助残志愿服务

社区助残志愿服务的开展需围绕社会工作"助人自助"的核心理念。作为残障人的服务对象，由于身体状况所限，会出现志愿者帮一把，自己动一动的情况。出现这一情况的主要原因之一就是他们会有自己没有别人的帮助就不行的心理。助残服务志愿者在服务的过程中首先明确自己的定位：他们和服务对象一起共同面对困难，找出方法，而不是带领服务对象走出困境。志愿服务者和服务对象是合作的关系，而不是救助和被救助的关系。最终实现服务对象自己主动挖掘自身资源的状态。服务对象由于身体的残障，在服务过程中会出现自卑等心理阴影，志愿服务者避免说教式的帮扶，应当首先接纳服务对象的各种情绪（因为自卑等情绪背后往往掩藏着服务对象想要改变、希望自强自立的诉求），与服务对象产生共情，向服务对象表达自己对她的理解，和服务对象一起展开服务活动。

2. 发挥"优势视角"，结合社区资源，运用多种技术，帮助服务对象建立自信

社区志愿助残服务的一个主要内容就是社区志愿者和残障服务对象一同发挥"优势视角"意识，帮助残障服务对象建立自信。所谓"优势视角"，是一种关注人的内在力量和优势资源的视角。就是意味着应当把人们及其环境中的优势和资源作为社会工作助人过程中所关注的焦点，而非关注其问题和病理。"优势视角"基于这样一种信念，即个人所具备的能力及其内部资源允许他们能够有效地应对生活中的挑战。残障服务对象由于自身身体的障碍，忽略自己的优势，缺少自信。志愿服务者和服务对象一同正视和接纳自身残障，挖掘自身优势，扬长不避短，建立自信。在服务对象建立自信过程中，社区志愿者结合社区资源，利用积极心理学、医疗康复等方面的知识技能，帮助服务对象从积极的角度看待自身残障，变消极态度为积极动力，推动服务对象正视自身，建立自信。例如：社区助残志愿者利用心理学中的"模仿法"，通过志愿服务小组中的残障成员为服务对象示范，帮助服务对象形成积极的行为意识，代替原有的消极意识，逐步建立自信。

3. 多层次、多角度构造立体助残服务体系

助残志愿服务者在确定服务对象的首要需要解决的问题是情绪和认知问题的同时，关注服务对象肢体康复，依据服务对象的肢体障碍，咨询专业康复指导老师，为服务对象开展有针对性的肢体康复训练。助残服务对象需要解决的困难不是单一性质的，而是各方面相互联系、相互影响，各种影响交织在一起，需要综合助残服务。建立康复、文化、心理社会工作多维一体的志愿服务体系，树立综合助残服务理念，能够更全面深入地发挥助残服务功能，取得良好的助残效果。

4. 增强其学习兴趣，精心设计服务技巧

动力源自兴趣，提高服务对象的动力的最好方法之一就是增强服务对象的兴趣。因此，志愿助残服务的方法设计，要考虑到服务对象的兴趣因素，针对服务对象的特点，精心设计服务技巧，提高服务效率。例如：志愿服务者把康复训练与游戏活动相结合，让服务对象在轻松、有趣的游戏中学习到必要的技能；为服务对象找到在身体残障方面与自己状况接近的榜样，提高服务对象的自信心。

5. 巩固其练习效果，提高服务对象主动性

助残志愿服务要加强对服务效果的管理。服务对象取得的效果，是服务对象和志愿者共同努力的结果，服务志愿者不仅要让服务对象看到效果，而且要让服务对象体会取得效果的整个过程，要服务对象把效果和自己的努力建立链接，这样可以增强服务对象做出进一步努力的信心，从而提高服务对象改变的主动性。

经过不断地康复训练，服务对象的肢体障碍康复效果明显。服务对象的母亲告诉志愿服务者，有一次，自己出门没有带钥匙，没法进屋，服务对象居然坐在移动椅子上，手持钥匙，双脚用力将自己移到了窗户边上，把钥匙丢给了母亲。这样的事情以前是不可能发生的。康复训练取得了一定的效果，鼓舞了服务对象的勇气，服务对象不仅仅对自己的康复有很大的信心，也增加了她对生活的信心，开始走出了残障对生活影响。同时，把服务效果与服务对象的生活联结，使得服务对象融入自己的生活，使服务对象把改变作为自己的生活态度。

（二）不足之处

1. 缺少定期规范化督导

社会工作督导是使社会工作提升的一个重要方面。在整个的助残志愿服务过程中，从入户评估、服务计划制订及实施、阶段性评估到定期回访，助残服务小组成员有定期的内部督导，成员之间相互总结经验，但是没有得到专业的规范化的督导，此项助残服务还可以得到更进一步的提升。

2. 助残服务社会工作能力有待提升

助残服务社会工作具有一定的特殊性，要求服务具备一定的专业性和技巧性。助残服务小组尽管具备一些社会工作、社区工作以及残疾人工作能力，但距离助残志愿服务的要求有一段距离，需要在专业性和技巧性方面进一步学习提高，以适应更复杂的助残服务。

3. 缺少与服务对象家属的沟通和交流

在制订助残服务计划、实施计划，以及定期评估的过程中由于服务对象直接抚养人年龄过大，其他家属不经常见面等种种原因，和服务对象家属沟通交流不充分，造成服务初期制定服务目标过高，影响服务的开展。经后期服务过程与服务对象家属交流，矫正服务目标，保障志愿服务取得了应有的效果。

残障人员作为社会的一个特殊团体，是社会的弱势群体，他们的问题会和许多自身心理问题交织在一起，极其复杂。社区工作者依据社会工作中主张根据残疾人的特点、优势与不同的背景和能力，运用优势视角社会工作介入的理论、理念和技巧及加入心理学的访谈咨询评估诊断等方法服务残疾人，为残疾人提供心理援助及伤残康复等志愿服务，促使残障人士恢复到正常的生活状态和心理状态中，并达到与社会的良好适应状态。

知识链接：社区康复

社区康复，是社区建设的重要组成部分，是指在政府领导下，相关部门密切配合下，社会力量广泛支持，残疾人及其亲友积极参与，采取社会化方式，使广大残疾人得到全面康复服务，以实现机会均等，充分参与社会生活的目标。社区康复的内容，主要包括以躯体运动功能、日常生活活动能力和心理适应能力训练为重点，开展康复治疗、训练与咨询。

四、个案评析

习近平主席在十九大报告中提出"发展残疾人事业，加强残疾康复服务"，是在新时代背景下对残疾人事业提出的发展方向和工作重心。新时代助残志愿服务应紧密结合残疾人事业的发展，做好残疾人工作的助手和补充。本案例以一名先天脑瘫的中年患者为服务对象，在其失去生活的信心的情况下，居委会组织志愿服务小组对其进行个别化的康复服务，帮助其和家庭重新点燃了生活的希望。这是一个很好的助残志愿服务专业化的典型案例。

志愿服务专业化。当居委会发现服务对象的问题后，组织专业的社会工作者参与服务工作，进行入户调查，协调心理咨询师、残联工作者、居委会工作者组成服务小组，共同设计服务目标、服务内容、服务方式，以保证对服务对象的服务工作能够依靠专业人员开展专业化的服务。

服务对象情况了解清楚。案例的服务对象是一名中年的脑瘫患者，不仅存在情绪问题，还与家人关系不佳。组织社会工作者通过观察、访谈等方式多次入户调查，了解服务对象的情况，根据服务对象的具体情况设定较为清晰、具体的目标，为编制适宜的服务方案奠定了基础。

服务以尊重为先。尊重服务对象的需要是保证服务顺利开展的前提。在整个服务过程中，服务小组全体成员，充分尊重服务对象的感受和想法，通过其行为探究其发生和存在的根源。同时，积极看待服务对象的需求，挖掘其想法和行为表现中所存在的优势和积极的一面，从而对其进行有针对性的服务。

发挥同理心的共情优势。针对服务对象及其家庭失去信心的具体情况，服务小组采取共情和积极关注的态度，与服务对象交朋友，进而获得服务对象的信任和接纳。同时，又用同是残疾人的小组成员，感化和激励服务对象，使其能够看到自己努力后的方向，为顺利开展志愿服务奠定了情感基础。

对于居家的重度肢体残障人士的志愿服务还应建立长期目标，与其家人一起，探讨其未来发展的空间，并为其提供系统的支持，尽可能拓展其人际交往的范围，并为其职业进行相关培训。

案例十二：走出家门，拥抱阳光，开启全新生活

北京东城禄祥源康复综合服务中心

北京东城禄祥源康复综合服务中心（以下简称禄祥源）自成立之日起，就以"诚信为本，持续发展"为愿景，以为残疾人（老年人）提供专业服务为使命，注重探索志愿者服务的方法和途径；禄祥源注重以康复保健为主，发展志愿者队伍，竭诚为辖区残疾人做助残服务，促进其身心健康。

禄祥源业务范围涉及辅具服务、社区养老、日间康复、康复运动等政府购买类项目；截至目前已经承接过十几个市、区级政府项目；禄祥源有专家团队及运动康复工作室，已研发出4套气功操，并登记国家著作版权，近年来先后承接运动康复类市区级项目6个，中残联项目1个；2014年至2017年先后服务老年人、残疾人两万余人次。

禄祥源负责人欧阳青教授，中国老年学和老年医学学会保健

康复分会总干事，资深专家，在运动康复、养生保健等方面有较深入的研究。

一、个案背景

禄祥源是 2017 年初在承接东城区残联的政府购买服务项目的过程中接触到本案案主。

依照惯例，先是通过走访街道、家庭、邻居、本人等形式对其基本情况进行初步调研了解，并形成案主分析报告。然后组织禄祥源专家组进行全面会诊，形成如下综合康复方案：中医康复＋运动康复＋心理疏导＋职业康复。

本案例的问题已经不单是案主本身的问题，而是案主本人、家庭、邻居、街道、社会等各方面的系统性工程。因此，禄祥源专家组认为，本案例应该以禄祥源专业的中医康复、运动康复、心理疏导、技能培训、协会融合、推荐就业等服务为主导，以调动案主本人积极性主动性为核心，以案主家庭为依托，结合街道、社会、职业康复等各方力量为支撑，尽最大努力达到缓解病情、改善生活质量的目的。

（一）案主基本信息

阿芳（化名），女，41 岁，精神分裂症，经有关部门精神鉴定为精神残疾二级，长期在家待业。

（二）阿芳家庭成员情况

姓名	关系	年龄	职业	备注
王××	父女	73	退休中学老师	正直善良，较沉默寡言
张××	母女	71	退休街道工作人员	刀子嘴豆腐心，经常唠叨阿芳，与别人家孩子攀比
王××	姐姐	48	高级白领	出国发展，较少回国，和妹妹交流不多，但经济上经常贴补家里

（三）阿芳家庭经济状况

阿芳家庭成员，都是老北京，家庭经济状况中等，住东城区某小区楼房；阿芳本人待业，父母都已退休并有退休各项待遇，姐姐是高级白领，已经出国发展，较少回国，但经济上经常贴补家里。

（四）阿芳基本情况

1. 问题分析

① 阿芳大专学历，小学至大学毕业前这段时间一直表现优秀，脑子比较聪明反应快，表达能力不错，擅长书法与美术，乐于助人，心地善良，经常受到老师、邻居的夸奖。

② 毕业参加工作后，由于工作压力、情感等各方面原因，导致精神分裂症，病情发作时，容易钻牛角尖，好与人争辩，总认为别人不对，自己永远正确，心结较重，总是对眼前身边的人与事有偏见，不太顾及他人感受，摆不正自己的位置，偶尔会冒出几句不得体的言辞。

③ 由于从小父母过于溺爱，人比较懒惰，好吃贪睡，很少做

家务，且觉得这样很正常。因此导致身材过于肥胖，进一步造成自卑的心理阴影。

④ 对父母一直尊重，即使母亲唠叨不休，阿芳也只是低声反驳，很少高声叫喊。不过这样相对安静型的个案，虽然无暴力狂躁倾向是好事，但较容易造成内心郁结，有事憋在心里，不愿也无处倾诉，进而更加重病情。

⑤ 阿芳母亲经常喋喋不休地埋怨她，经常拿她与亲戚、朋友、邻居、同事的孩子做简单对比，这样对阿芳的病情发作，甚至恶化有很大的刺激作用。

⑥ 患病后阿芳绝大部分时间都是待在家里，交际群体非常小，以前的小学初中高中大学的同学得知阿芳病情后都纷纷失去联络。

⑦ 案主做过精神鉴定，有精神残疾二级残疾证，父母为了治好孩子的病，尝试过中医、西医等各种方式的治疗，都没有效果。

2. 优势分析

① 阿芳病情稳定时表达能力较强，在跟他人交流时，表现出较强的思辨能力与参与欲望。记忆力较好，在病情稳定时为人处世待人接物较正常。

② 阿芳具备较好的涵养，没有语言与肢体暴力倾向，也没有极端行为。个人非常有主见，别人的话很难让她改变想法。这种个案在比较固执的同时，也表明一旦通过各种手段让她真正扭转自己的思维观念后，她自身的潜力与能量也是非常巨大的。

③ 阿芳读书时学习成绩较好，擅长书法与美术，有自己的爱好兴趣，说明阿芳热爱生活，有生活情趣，有对美好生活的向往，有改善自身状况的欲望。

④ 阿芳父母非常关爱自己的孩子，尝试过各种方法和努力想治好孩子的病。家庭的支持是阿芳最大的精神动力与心理抚慰。

⑤ 阿芳病情稳定的时候，也经常主动参加一些街道、残联组织的活动，且表现良好，还经常受到街道、邻居的表扬。就是病情发作时，大家会觉得比较难以接受，但都知道她的病情，周围的人基本都能包容善待。良好和睦的邻里关系，是阿芳治愈病情重要的社会因素。

⑥ 阿芳父母都是退休人员，有退休各项待遇，另外还有一个姐姐在国外工作，经常贴补家里，经济状况还可以。

二、服务方案的确定与实施

（一）目标

用综合康复的方法促进阿芳的身心健康，缓解病情，引导阿芳及其家庭正视其目前的困难，锻炼好身体，打造好情绪，学习好技能，重树生活信心，全面融入社会，提升生活质量与幸福指数。具体为：

① 身心健康：使阿芳的病情更加稳定，心结逐渐打开，不再钻牛角尖，对身边的人与事能以理智释怀的心态正常对待；通过

禄祥源的中医康复、运动康复让阿芳的身体各项指标趋于正常，特别是体重要真正降下来。

②职业康复：通过身体的好转，参加禄祥源新媒体技能培训，掌握新技能；通过工作，心情更加愉快，更积极主动的学习新知识结交新朋友。

③重建关系：通过良好家庭生活劳动习惯、运动健身习惯的培养，重建正常的家庭关系，让阿芳的家庭更加和睦，日常生活更加温馨，进而对阿芳病情的好转起到更加积极的促进作用。

（二）禄祥源服务模式

① 禄祥源特有的中医康复与运动康复相结合的综合康复模式。

② 专业协会融合活动加喘息服务与心理辅导相结合的疏导模式。

③ 让阿芳参加新媒体技能培训，通过学习新技能激发阿芳主动性的职业康复模式。

④ 通过严把阿芳的生活细节培养其良好劳动、运动习惯的自我提升模式。

（三）服务方法与过程

禄祥源利用自身特有优势，针对阿芳身材过于肥胖、身体虚弱的实际情况，制定了中医康复与运动康复相结合的综合解决方案。

（1）中医康复治疗

① 拔罐：拔罐减肥以传统中医理论为指导，探索总结经络学说的精髓，采用专业通经穴的治疗方式，使体内脂肪快速分解，从而达到降脂消脂的瘦身功效。拔罐还可刺激肥胖者迟钝的自律神经，使功能活跃，增加能量消耗。

② 红外线理疗：红外线理疗灯泡是可见光的红外线灯，它辐射频率高，渗透性强，红外线波峰值严格在1300mm，使红外线的波长刚好可以穿透人体真皮层，达到促进血液循环，增强肌肉对关节组织炎症的吸收能力，缓解关节炎症状，促进软组织损伤愈合，增强身体素质的目的。

③ 中医药包外敷：禄祥源研发的中药外敷包，发扬传统古方博大精深理论，结合现代工艺技术，优选十多种中药材配制而成纯中药包。每天早/晚各热敷在腹上半个小时，通过肚脐渗透，可起到调节内分泌、溶解脂肪、减小胃容积、增加胃动力的效果，对案主减肥塑身能起到明显的促进作用。

（2）运动康复巩固治疗效果

要想减肥强身，光靠中医康复治疗还不够，还要结合运动康复，才能收到更好更持续的效果。通过对阿芳进行禄祥源独家研发的拍痧操、呼吸操、推手操的培训指导，并坚持练习锻炼，起到明显的舒筋活血、疏通经络、愉悦身心的功效。

这种中医康复与康复运动有机结合相互促进的绿色疗法，对增强阿芳的体质、巩固康复效果具有十分显著的促进作用，而且深受阿芳的喜爱。

通过让阿芳及其家人全程参与禄祥源承接主导的专业协会融合活动，并参与有针对性的心理辅导相结合的疏导模式，让阿芳及其家人走出家门，利用崭新的平台，结交新的朋友，接触新鲜事物，学习新的知识，阿芳心情得到明显改善，融入社会融入团队的主动性大大提高。阿芳家人也因为得到专业协会的喘息式服务，特别是亲眼看到孩子的病情与情绪确实得到明显改善而心情大好，进而家长的良好情绪又感染阿芳。良性循环的温馨家庭氛围，为后续的家庭关系重建奠定了坚实基础。

通过让阿芳参加新媒体技能培训学习新技能，进一步激发案主真正融入社会的积极性。在参加技能培训过程中，阿芳确实提高了自己的职业技能，充分认识到自身的巨大潜力，进而激发了通过就业劳动改善自身生活，承担自己家庭责任的信心。

细节养成习惯，习惯代表态度，态度决定一切。通过严把阿芳生活细节，进而培养良好健康的劳动、运动习惯，让阿芳在日常的家务劳动中、健走锻炼中真正收获健康、快乐，案主家庭真正改变以前的冷战状况，变得更加和睦温馨。

（四）案例成效

① 阿芳减肥效果明显，身边的朋友、邻居都看在眼里喜在心头，而且阿芳精神情绪得到明显缓解，对融入社会更加自信，对未来更加向往。

② 通过参加专门协会融合活动和接受有针对性的心理辅导，阿芳更加主动地走出家门，结交新朋友学习新东西，特别是真正

体会到在团队中理解包容他人、为团队做贡献的意义，开始觉得自己有用和被需要，在能实现自身价值的充实与快乐后，阿芳的精神状态得到了巨大提升。

③ 通过参加禄祥源承接主导的新媒体技能培训，阿芳掌握了实用的职业技能，并成功实现了兼职就业，实现了通过自己的亲手劳动增加收入，树立自信的目的。相信随着阿芳病情的进一步稳定，获得稳定的全职就业岗位一定能实现。

④ 通过生活细节的把握，培养了阿芳良好健康的行为习惯，每天坚持做家务，为父母洗衣服，为父母做饭，不但减轻了父母的负担，还锻炼了身体，愉悦了身心，温暖了家庭。

（五）社会影响

通过禄祥源系统综合的康复服务方案，阿芳身体状况、精神面貌的各项指标均有了明显的改善。另外，在身体与精神面貌情况改善的基础上，阿芳又主动参加了新媒体班的学习以及残疾人专门协会项目的各项活动，在掌握一定职业技能的同时，还更加积极地融入社会广泛参加各种活动，与家人的关系也获得了明显的改进。

这些变化大家看在眼里喜在心头：

① 阿芳身边的朋友、邻居都说，阿芳这一年来的身体、气色、精神面貌改进很多，特别是跟以前相比，更加主动地跟大家打招呼了，更加积极地参加社区活动了。

② 阿芳的父母也多次表示，阿芳更懂事了，更加体贴父母家

人的一片苦心了，还经常主动做洗衣服做饭等家务，这让家人十分欣慰。

③ 阿芳所在街道残联的领导也注意到了阿芳这段时间以来的改变，说她参加残联活动更加主动了，以前是连拉带拽都不愿意出门，现在一声招呼就主动参与。在2017年年底的元旦联欢会上，阿芳还主动要求表演一个节目，经过一段时间的认真准备排练，当天现场表演效果非常棒。

由于精神疾病的特殊性与顽固性，我们还不能就此认为阿芳的问题已经彻底解决了，还需要社会、家庭、本人的持续努力，才能真正获得长久的幸福生活。我们也会继续关注阿芳，并在适当时候予以必要的帮助。

三、反思

① 本案例基本结案，原因是本案的各项目标已经基本达成。当然，为了案主的后续康复与发展，禄祥源还将做长期的跟踪回访。

② 案主阿芳的病情虽然获得了明显的缓解，稳定期明显延长，偶尔的发作期病情也较以前的症状缓解很多，但毕竟还没有真正痊愈，还需要案主本人、家庭、社会等各方继续努力，真正替案主的未来着想，进一步创造适合案主治病成长的温馨环境。

③ 案主的家人特别是母亲要真正改变唠叨的习惯，以及拿案主与别人简单对比、给予其不良的倾向暗示等习惯，为案主积极

营造温馨、包容的家庭氛围，这是案主继续健康快乐成长成熟的重要保障。

④ 由于禄祥源自身经验能力的局限，特别是在精神健康康复方面还有很多的知识、技能、方法要向专业的社工机构学习，这方面我们要深刻地反思总结，找出问题与不足并有针对性地加以改进，为以后类似工作的开展奠定良好的基础。

第一，精神残疾领域的康复服务、医疗知识方面的欠缺，特别是社区层面的精神残疾服务可供参考的实务经验与案例也十分缺乏。

禄祥源近年来主要承接中医康复、运动康复、辅具适配、残疾人培训、助残志愿者服务等方面的助残服务项目，对专业社工类特别是精神障碍领域的康复服务陌生，本案实施过程中完全是本着遵循基本的社工程序手法的宗旨摸着石头过河，一步步地探索，注重对案主的耐心倾听、循循善诱、勤了解多沟通，以及全力争取案主家庭的大力配合，才一步步让案主病情逐渐得到缓解，精神面貌焕然一新。

第二，精神残疾领域的助残服务，应该更多的将侧重点放在案主家属和整个家庭的人文关怀方面。患有精神类残疾的人是不幸的，但更不幸、更痛苦、承担更重压力的是其家属。每个这样的家庭都经历过从刚开始的抱有希望，到尝试过各种各样的治疗、救助、咨询方法后仍然没有任何效果的过程，慢慢地，家属们的精神、经济压力都会备感沉重，觉得有一种喘不过气来的感觉，觉得老天怎么对自己的家庭这么不公平，甚至会逐渐失去生活的自信心。因此助残类社会组织经常性的通过各种渠道回访、倾听，这对家属树立未来生活信心方面的作用会非常明显。

第三，精神残疾领域应该更好地利用社区各种资源，助残社会组织应该做好资源协调链接的角色。各级政府、残联的各种残疾金、困难补助金等经济救助能够从一定程度上解决病患家庭的经济困难，更重要的是可以体现社会大家庭对弱势群体的关怀，让他们能切实感觉到社会没有遗忘他们。助残社会组织可以组织协调社区各种人力、资源定期组织给精神残疾人派药、发放健身器材、做手工技巧培训、组织文体活动等服务项目，这样可以有效缓解病患的情绪，缓解他们的病情。

第四，助残组织应该多组织精神残疾人之间、家属之间的交流与活动，家属之间的交流治疗、照料方法，这些活动能够很大程度上缓解单个家庭巨大的精神压力；精神残疾人之间也可以通过彼此交流、互动、游戏等活动，愉悦身心缓解症状。条件允许的话，最好通过街道社区的相关资源场地，组织专门针对精神残疾人的手工屋文体室等活动平台，这样对精神残疾人长期的情绪解压、融入社区会非常有帮助。

⑤ 案主阿芳的病情已经明显改善，精神面貌也焕然一新，但鉴于精神残疾的高度复杂性、反复性，我们还需要继续坚持定期回访、倾听，结合社区、家庭经常给阿芳正面阳光健康的鼓励，各方一起努力，让阿芳以后的生活道路更加充满阳光。

延伸阅读：增强专业助残志愿服务能力

增强专业助残志愿服务能力是北京市残联牵头于2016年颁发的文件《关于进一步加强志愿助残工作的意见（试行）》（京残发〔2016〕90号）中提出的。第四条深化助残志愿服务队伍建设中明确提出：发挥体制优势、专业特长，整合国家机关、群团组织、企事业单位、大专院校、其他社会组织和基层群众性自治组织的专业人才资源，依托各级残联各类专业服务机构，充分动员各行各业专业技术人员开展助残志愿服务，鼓励具有一定专业技能的志愿者运用专业理念、知识和方法，从事助盲、手语、法律、心理咨询、康复、就业指导等专业助残服务，逐步建立门类齐全、覆盖广泛的专业助残志愿者队伍，进一步增强专业助残志愿服务能力。

四、案例评析

目前，对精神残疾人开展志愿服务是一项难度比较大的工作，需要志愿者不仅具有爱心和奉献精神，更需要具有一些相对比较专业的知识和技能，不仅需要了解各种精神残疾的病症，还需要熟悉相应的技能技巧。"走出家门，拥抱阳光，开启全新生活"志愿服务案例，为我们提供一个运用"中医康复＋运动康复＋心理疏导＋职业康复"技术为核心的助残志愿服务范例。

依托专业服务机构。"走出家门，拥抱阳光，开启全新生活"

志愿服务案例，依托北京东城禄祥源康复综合服务中心的专业资源，以及中心负责人欧阳青教授这样的专家资源，为服务对象提供专业的服务理念和服务技术。

注重专业的服务技术。精神残疾人是一个相对具有特殊性和服务困难较多的群体，由于人们对精神残疾人的误解和恐惧心理，使得为这类残疾人的志愿服务存在较大的屏障。居家的精神残疾者的问题比较多，康复需求比较大，禄祥源为阿芳提供了"中医康复＋运动康复＋心理疏导＋职业康复"的综合康复技术，能够较好地从身体、心理、社交和职业的角度为阿芳进行支持、引导和训练。

注重改善居家环境。对于精神残疾者来说，其发病诱因大多来源于社会心理因素，因此对其进行的康复活动要谨慎，要尽可能做好其周围人，特别是亲人的工作，如改善对案主的态度、行为，做好情绪调节，这样才能形成积极的合力，改善精神残疾者的状况。

注重研究个案。在一对一的康复服务过程中，对个案基本情况的了解非常重要，同时对个案的服务方案的设计也要具有针对性。从本案来说，禄祥源对案主进行的中医康复是基础，康复运动是巩固，职业培训是拓展，最终达到案主身体素质有所好转，情绪积极，与人和谐，从而使积极行为习惯得以保持。

案例十三：志愿之旅　你我同行

李楠社会工作事务所

一、活动背景

朝阳区残联为践行中残联、团中央志愿助残阳光行动，扎实推进朝阳区助残志愿服务工作，于 2014 年 9 月正式成立朝阳区残疾人联合会志愿服务中心，并以政府购买服务方式，委托李楠社会工作事务所开展日常工作。中心整体工作以感恩他人、回馈社会、促进和谐、实现融合为核心理念，围绕需求对接、项目引进和组织培育三个方面，努力实现助残志愿服务和残疾人志愿服务的科学化管理。

从 2014 年至今，朝阳区残联志愿服务中心秉承双向模式，精心打造温馨全家福志愿服务项目。

双向模式一：社会助残服务模式。针对残疾人的实际需求，引进社会资源，动员社会力量，在助残服务的队伍建设、项目创立、服务对接、效果评估等方面形成良好机制，号召全社会共同参与助残服务。

双向模式二：残疾人志愿服务模式。组织有服务意愿的残疾人，根据自身能力和特长，开展残帮残、残助健等志愿服务活动，感恩他人，回馈社会，促进和谐，实现融合。

通过双向服务模式，组织与协调社会资源，以残疾人志愿者为主体实施，体现和倡导"志愿之旅，你我同行"的核心愿景，残疾人从受助者转化为志愿者，参与到志愿服务中来服务他人和社会。

通过双向服务模式，满足残疾人的直接需求和间接需求：

1. 直接需求

满足残疾人个体、家庭和各街乡的精神文化需求，倡导良好家风、家和万事兴，促进家庭成员之间的接纳、和谐等；项目实施过程中，就近就便选择服务地点，重点选择服务地区内有困难并且有强烈需求的残疾人家庭，如高龄残疾老人，为其及家人留下幸福瞬间。

2. 间接需求

残疾人志愿者通过服务巩固提升技能，增加残疾人志愿者团队自组织凝聚力，服务能力和服务水平；锻炼残疾人志愿者队伍，增强残疾人志愿团队自运营能力，打造一支完整独立、高效、高质量的残疾人志愿者团队。

志愿服务中心为残疾人志愿团队搭建平台，促进残疾人志愿者社会融合，体现"残帮残"的良好风尚。扶残助残，实现残疾人的自身价值和社会价值，感恩他人，奉献社会，传播志愿文化和残疾人文化，展示风采，回报社会，从而实现平等融合，共享阳光。

志愿服务中心持续发挥平台作用，发掘残疾人潜力，将残疾人转化为志愿者，培育残疾人志愿者队伍，深入开展志愿助残阳光行动。充分发挥平台作用，建立供需对接机制，帮助志愿团队落地服务；充分使用志愿平台，发布项目，招募志愿者，及时维护，实现科学化管理。

二、活动组织与实施

1. 残疾人志愿者和团队简介

目前，残疾人摄影爱好者残帮残志愿服务队核心成员 12 名，设置化妆组、拍摄组、道具组、选片组，分工明确，各司其职。志愿服务队选出一名骨干负责外联，志愿服务中心发布服务项目，骨干成员联系队伍，安排时间，落实拍摄。

2. 服务指标数据

截至目前，"最美全家福"残帮残志愿服务项目已开展 3 年有余，残疾人摄影爱好者志愿服务队已服务朝阳区东坝、望京、和平街、常营、十八里店、南磨房、左家庄等 21 家温馨家园，为八百余户残疾人家庭进行了拍摄，随着残疾人志愿者队伍的历练与成长，服务形式已经从单一的温馨家园集中拍摄增加到入户去服务。

3. 服务中的典型案例

记得有一次，服务队正在左家庄街道进行服务，一位满眼泪水的女士走了进来，她说："家中 90 多岁的老母亲因患有阿尔茨海默病，无法出门，怕时日不多，知道有这样的服务项目感激涕零，不知道能不能邀请服务队到家中服务，拍摄一张永远留念的四世同堂全家福。"残疾人服务队二话没说，经过分组讨论，派出一支腿脚灵便的小分队就这样出动了。就是这样，志愿者队伍用真心换来了残疾人家庭的一致好评。

4. 创造的社会价值

有许多家庭由于自身的关系，这辈子都没有把家里人聚集在一起留下过点滴记忆，加之外面照相馆的费用较高，也不便于出行。通过此项目，使得残疾人家庭通过服务感受到一次被爱的机会，将关爱化作服务的形式，传递给残疾人家庭，项目链接更多的志愿服务团队参与，节省资金 40 余万元。

三、社会影响

① 荣获朝阳区精神文明办项目金奖。

② 形成朝阳区残联志愿服务中心孵化的品牌项目：活动得到各街乡的广泛响应，丰富了温馨家园志愿服务联络站的内容。残疾人朋友口口相传，最美全家福深入人心，成为朝阳区志愿服务中心的一张名片。

③ 提升自信。在服务过程中，发挥残疾人志愿者的特长，服务社会，实现自身价值，提升残疾人志愿者的自信和获得感。残疾人摄影爱好者残帮残志愿服务队更像一支宣传队，用实际行动

改变社会对残疾人的群体的认识，以优质的服务，自立自强服务他人的形象，为残疾人群体代言。

④ 树立榜样。以残疾人队伍服务残疾人，最大程度消除残疾人的顾虑，拉近彼此之间的距离，更加快速地建立服务关系，提供优质的服务。残疾人摄影爱好者志愿服务队以其自立自强、服务他人的精神，为更多的残疾人朋友带来正能量，鼓励他们走出家门，融入社会，发挥自己的潜能实现自身价值。

四、反思

（一）注重发挥助残志愿服务中残疾人的主体作用

1. 发挥残疾人志愿者主体作用

残疾人志愿者分工明确，从布景到场地安排，在签到、化妆、拍摄、选片中，残疾人志愿者自主把控拍摄节奏，合理规划安排，保障拍摄顺利进行，保障拍摄效果最优化。活动现场，每位残疾人志愿者各司其职，在自己的岗位上默默付出，从早到晚，始终保持良好的工作热情，为到场的每一个残疾人家庭留下美好瞬间。

2. 激发残疾人的内生动力和主观能动性，自发自愿地平等参与，反哺社会

残疾人志愿者同样是构建文明和谐社会的主人翁、参与者、推动者，将残疾人志愿者转化为社会资源力量，以主人翁的姿态，共同创造社区和社会的美好环境，促进人文和谐，用实际行动赢得来自社会各界平等、接纳、尊重的态度和目光。

3. 尊严、希望、新生命

残疾人志愿者为困难残疾人家庭拍摄全家福的服务，实现从受助者到志愿者、助人者的转变，展示残疾人文化成果，促进残疾人群体融合，使得残疾人由受助者向施助者华丽转身，体现"残帮残"的良好局面，体现残疾人自身价值。

（二）注重促进助残志愿服务中各方的有效联动

1. 政府主导

政府采用购买服务的方式扶持助残志愿服务发展。2014年，朝阳区残联采用委托运营管理的模式建立朝阳区残联志愿服务中心，发挥平台作用，促进助残志愿服务发展。同时，采用政府购买服务的方式来支持其发展。该志愿服务中心建立三级服务网络，从点到面，全面激活志愿服务。2017年，该志愿服务中心在原有基础上，积极挖掘残疾人潜能，培育残疾人自组织。

2. 社会组织牵头

李楠社会工作事务所发挥自身专业优势，用社会工作+志愿服务的模式，积极探索助残志愿服务的管理模式和机制；结合多年工作经验，总结5541工作模式推动志愿服务发展，即：

搭建5个平台：即志愿者和志愿团队助残志愿服务的平台、专业助残培训和组织培育的平台、残疾人社会工作和社会工作者实践的平台、青少年和社会民众践行公益的平台、残疾人志愿者助人自助的平台。

建立5类志愿服务队伍：即社区党员志愿者、专业辅导志愿者、青年学生志愿者、社会单位志愿者和残疾人党员志愿者。

遵照服务 4 化：即需求对接科学化、服务管理规范化、日常活动常态化、特色项目品牌化。

形成 1 套模式：即初步形成"社会工作＋志愿服务＋残疾人工作、社会工作者＋志愿者＋残疾人工作者"的工作模式。

3. 自组织为主

残疾人摄影爱好者残帮残志愿服务队经过多年磨炼已成为一支完整独立、高效率、高质量的残疾人志愿团队。2017 年，志愿服务中心搭建平台，项目扶持其成长，培养自我管理意识。社工辅助，最大程度发挥残疾人志愿自主性，培养骨干志愿者管理能力；骨干通知团队，制定服务方案，落地开展服务，逐步形成残疾人自组织。

（三）注重挖掘助残志愿服务中的项目内涵与提升

1. 鼓励残疾人自强自立

通过残疾人志愿者开展文化志愿服务，展示残疾人文化建设发展所取得的成效。弘扬了志愿服务精神，展现了残疾人多才多艺、乐观阳光的风采，扩大了残疾人志愿服务的范围。通过残疾人坚强乐观的生活态度感召健全人勇于面对困难、热爱生活、珍爱生命，用自身价值的实现回报社会，感恩他人。

2. 培养服务技能

在推出项目前，帮助残疾人赋能、增能。比如：开设了通用课、兴趣课和拓展课，提升大家的能力，增强集体归属感。倡导残疾人展能、反哺，注重服务成果的转化，积极培育残疾人志愿者和志愿服务队伍。促进残疾人融合、共享，运用社会工作的方法指导助残志愿服务，为专业助残志愿服务队伍的建立奠定了坚实的基础。

3. 提供感受各种艺术鉴赏的机会

以继续推动残障文化为切入点，发展温馨家园艺术团、非遗文化艺术团、摄影会、书画会等，帮助他们创造经济价值、社会价值，最终实现自身价值。残疾人参与体现社会公平，是增强人民获得感、幸福感的有效路径。

4. 最美笑脸

充分发挥望京街道文联、文化骨干、志愿者力量，并引进热心公益的社会资源，通过全家福拍摄的方式，传承中华民族孝老爱亲、家庭融合的传统美德，让老年人、残疾人、特困家庭等人群感受家庭的温暖，留下美好瞬间，同时感受到社会支持系统的接纳、融合。通过项目的实施，深入社区，倡导公益行为和志愿服务，营造良好的社区公益文化氛围，逐步形成属地的特色文化品牌。

五、案例评析

"志愿之旅，你我同行"选择了照全家福，这样一个我们生活中非常平常的活动，但是对一些残疾人来讲可能就是一种奢望。残疾人本身应该是被服务对象，在这个项目中成为志愿者。因此说，"志愿之旅，你我同行"志愿服务项目，依据残疾人的基本生活需求，在运作方式、志愿者构成方面，做了一次有益的尝试。

第一，模式的创新。朝阳区残联志愿服务中心以残疾人志愿者为主体实施，体现和倡导"志愿之旅，你我同行"的核心愿景，残疾人从受助者转化为志愿者，参与到志愿服务中来服务他人和社会，在志愿服务中得以成长和发展，反哺社会，体现自身价值，发挥残疾人主体作用。

第二，需求对接的完善。从残疾人的实际生活需求出发，选择了照全家福的活动，满足残疾人及其家庭精神层面的需要，倡导家庭和谐与美满。充分考虑了残疾人照全家福的实际困难，不管家住哪里，是什么情况，志愿者都是自带设备上门服务，尽可能为每一位得到服务的残疾人留下人生最值得留恋的瞬间。

第三，志愿服务项目管理科学化。在感恩他人、回馈社会、促进和谐、实现融合的核心理念支撑下，围绕需求对接、项目引进和组织培育方面，充分发挥政府主导、社会组织参与、自组织为主的各方有效联动，进而发挥志愿服务项目的最大化效益，展示了残疾人的能力与价值，弘扬了志愿精神，宣传了新时代残疾观，树立了残疾人积极而蓬勃的精神风貌。

第四，服务平台建设工作。残疾人服务需要各个方面的支持和合作，残疾人助残活动是多部门、多学科的联动的结果，需要完善三级服务网络，从点到面，全面激活志愿服务。充分发挥平台的支撑作用，组织与招募志愿者、培养志愿者、建设志愿者团队，为志愿服务的科学化管理做好支持与辅助。

案例十四：让残疾人幼有所教、老有所养

阳原县助残志愿服务项目组　李莉

《礼记·礼运篇》云："故人不独亲其亲，不独子其子。使老有所终，壮有所用，幼有所长，矜、寡、孤、独、废疾者，皆有所养。"习近平总书记在党的十九大报告中指出，要在幼有所育、学有所教、劳有所得、病有所医、老有所养、住有所居、弱有所扶上不断取得新进展，保证全体人民在共建共享发展中有更多获得感。河北省张家口市阳原县志愿服务联合会（以下简称阳原志联）开展的残疾老人和残疾儿童的助残志愿服务，很好地实现了残疾人群体也能老有所养，幼有所教，保证了残疾老人和残疾儿童在共建共享发展中有更多获得感。

一、活动背景

（一）阳原县志愿服务联合会概况

阳原志联筹建于2013年，由阳原县文明办作为业务主管单

位督导志愿服务工作，在 2015 年获得"河北省优秀志愿服务组织""河北省十大优秀志愿服务组织""女童保护河北省优秀志愿服务项目"三个荣誉称号。2015 年 12 月，阳原志联通过民政部门审批，正式注册成为具有独立法人资格的非营利性社会公益组织，同时成立阳原志联党支部、团支部、妇委会，并开展党员先锋队、青年志愿者、巾帼志愿者等主题活动。

阳原志联主要围绕"两抚一助　学习培训"开展帮扶贫困生、贫困户，帮助孤残人士，组织开展助残志愿服务学习培训等活动。2015 年 5 月，阳原志联联合各界爱心团队筹办了阳原县首届公益助残晚会，至此阳原志联助残志愿服务项目组成立。

志愿者通过开展政策辅助、技能传输、公益性服务等志愿服务活动，给残疾人希望，为残疾人搭建和社会交流交往交融的平台，圆其梦想。助残志愿服务活动坚持"自愿参加、量力而行、讲求实效、持之以恒"的原则，带动全县文明单位，为残疾人提供经常性的、切实有效、实实在在的帮助，让残疾人感受到社会大家庭的温暖，使他们能有价值、有尊严地平等参与社会生活。

（二）对老年残疾人提供志愿服务

阳原志联在对老人做志愿服务的过程中，发现有好多残疾老人，残疾让这些老人更加困难，除了残疾带来的身体行动不便、认知障碍和精神障碍之外，他们很多人没能结婚，少数结了婚的也没有儿女，导致有好多孤残老人。即使有儿女的，儿女也因经济困难不得不出远门打工，打工挣的钱也不多，很难给残疾父母经济支持。这些残疾老人，目前基本有低保，但是仍然生活困难，缺少陪伴和专业护理。

志愿者们通过春节前送温暖和平时小组专项关爱两种方式给残疾老人提供了优质的志愿服务。下面给大家分享这两种方式的两个具体案例。

二、活动组织与实施

1. 暖冬行、传递关爱

每年春节前，阳原志联都要组织志愿者对残疾老人开展爱心关怀活动，跋山涉水到残疾老人家中看望，给残疾老人送年夜饭、饺子、春联、棉衣等生活必需品，帮老人打扫家庭卫生，陪老人拉家常，让老人过个快乐年。

2015年临近新年，阳原县井儿沟乡辛庄子村有一户孤残老人——张大爷患先天小儿麻痹后遗症，一直没有结婚，现在年过七旬，虽然有双拐的帮助，走路也是摇摇晃晃，随时都可能摔倒。志愿者看到他时，他正在准备中午的食材，几颗冻坏的白菜和土豆，半盆冻冰的水，老人就是用这盆水洗菜的。水源是一口浅浅的水井，也因为气温低的原因被冻上了一层冰，偶尔中午的时候天气暖些才可以取些水。因为住的地方比较偏远，老人行动又很不方便，取水极其困难，所以水还得节约着用。

老人说："这几年国家的政策好了，我享受着国家的低保补贴，经济比以前好些了，可是我也老了，我的行动越来越困难，很多时候行动不了啦。"望着空旷的院落，老人又告诉我们："这个院子已经好多年没有来过这么多人了，这几天别人家准备着开始过年，我行动不便，院子已多年没有整理过了，更别说贴春联了，就是吃饺子也只是偶尔邻居送来几个……"

看着空旷的院落，四处堆放的杂物，志愿者们心中就像五味瓶被打翻了一样难过。大家主动地去整理院落，去担水，帮老人把院落整理得干干净净，把水缸储满了水。干完这些活儿后，大家又把事先包好并分装好的饺子搬到老人的厨房存放好，让老人能吃上过年的饺子，还耐心陪老人聊天。老人非常开心，非常感动，再三向志愿者们表示感谢。

2. 小组专项关爱

春节前的慰问一年才一次，对残疾老人们的关爱远远不够，阳原志联助残项目组开展了小组专项关爱活动。小组志愿者每周两次定期到残疾老人家中开展关爱服务，或者与残疾老人的家属轮班照顾老人，给老人送去社会爱心人士捐赠的物资，帮助老人整理个人卫生和家庭卫生，帮老人做饭改善老人的饭菜质量，协助老人健身，陪伴老人。关爱小组还开展一些手工作坊和联谊活动，组织残疾老人一起做一些小手工、排演一些小节目，彼此之间互相认识，互相鼓励，让残疾老人走出家门参与社会活动。截至 2018 年 4 月，阳原志联一共组建了助残服务小组 46 个，每个小组有 3~5 名成员。

下面呈现的是一个关爱小组的儿童志愿者去年写的日记。这个儿童志愿者小名叫瑶瑶，今年 7 岁，现在上小学二年级，从幼儿园大班第二个学期开始,瑶瑶就和父母组成了一个关爱小组,每个周末都同父母一起到闫奶奶家做志愿服务。

2017年4月16日,晴,今天是周日,今天的天气特别好,爸爸说今天带我和妈妈一起去闫奶奶家。

闫奶奶是去年这时候认识的,好像记性不是很好,我去过好几次了,可是她总是不记得,也不知道今天她会不会想起来。

今天奶奶表现还是很好的,虽然她不记得我叫什么名字,可是一进门她就抱抱我,还给我拿糖果吃。我教奶奶唱我们刚学的儿歌,可是奶奶唱得太慢了,有时候还会忘记几句。

后来,我们一起去了广场,今天人好多呀,我拉着奶奶去学广场舞,奶奶学跳舞的样子可可爱了。广场还有唱歌的哥哥姐姐,可是奶奶好像听不懂一样,她说:"我们以前唱的歌比现在的好听多了。"下午好像过的可快了,很快就到了送奶奶回家的时间了。不知道下次爸爸什么时候带我去,要是下次去奶奶还像今天就好了。

——摘自《小小志愿者日记》

闫奶奶是在黄手环发放活动中了解认识的,闫先生的母亲患阿尔茨海默病已经有5年了,所以每天都要有家人陪同着,生怕哪天老人走失。可是长期的陪伴渐渐成为家庭的负担,因为他是独生子,没有别的兄弟姐妹可以帮忙照顾老人。以前孩子小,闫先生的妻子就留在家中,可以同时把老人和孩子一块儿照顾着。

现在，孩子上学了，不再需要全天照顾，闫先生的工资不高，全家的生活很困难，妻子想外出工作，以补贴家用，同时减少丈夫的压力和负担。闫先生曾经试着把母亲锁在家里，妻子出去打零工，可是心中一直不安，觉得时间过得特别慢，就是短短的半天，觉得像是过了一年一样。现在有了志愿者们的定期服务，妻子照看老人的负担轻多了，他们夫妻二人特别感谢志愿者们的帮助。

通过春节前的集中慰问和平时的小组专项关爱，阳原志联的志愿者们，为46位残疾老人提供了助残志愿服务。这46位残疾老人的情况如下：

① 听力残疾老人7位，4位全聋没有音感，3位有音感但分辨率低，用手语交流的有5位。

② 视力残疾老人11位，均为全盲，其中4位先天失明。

③ 肢体残疾老人23位，小儿麻痹后遗症导致下肢残疾的老人有4位，其余19位肢体残疾老人中，2位半身瘫痪无法行动，3位失去手臂或手，6位腿部残疾（或者完全失去双腿，或者失去膝盖以下部分，或者失去单腿），8位因为车祸导致面部毁容，失去手指，重伤大脑。

④ 患阿尔茨海默病老人5位，其中2位非常严重，完全不认识家里人，记不住任何东西，在得到志愿服务之前，家属无奈用笼子或者锁链控制老人，另外3位情况好一些，但记忆障碍也比较严重。

连续3年下来，阳原志联志愿者们累计走访和服务了老年残疾人家庭700余户，涉及金额达3万元。志愿者们的走访和服务，给残疾老人物资救助和精神关爱，使残疾老人们建立了自尊心和自信心，对生活更加充满希望。与此同时，助残志愿者们也体会到了助人的快乐。这样的助残志愿服务活动，为残疾老人营造了温馨和谐的生活氛围，让残疾老人真真切切感受到文明和谐社会大家庭的温暖，使社会形成"倡导助残风尚，共建和谐社会"的良好氛围。

3. 对残疾儿童提供志愿服务

如果说孩子是祖国未来的希望，是一切美好的象征，那么残疾儿童则是折翼天使，他们被赋予了更多的期望和考验。2013年阳原志联刚组建开展的第一个活动就是关注残疾儿童。

2016年2月，阳原志联发起公益创业项目，由志愿者们自筹资金，开办了阳原县国学教育成长服务中心，招收2.5岁至6.5岁的学龄前儿童，对其开展传统文化教育，以收益带动公益。该中心秉持"人人平等，关爱儿童健康成长"的原则，接收普通幼儿园拒收的残疾儿童，并为其提供特殊教育及康复训练服务。

席宝，今年7岁，智力发育迟缓，语言行为能力弱，认知能力差。2017年3月，6岁的席宝跟着妈妈一起到国学教育成长服务中心参加"折翼天使"课程。此次的课程主要是针对智力发育迟缓儿童的家庭教育课程，课程中详细地讲解了多种家庭训练游戏。比如"图形拼摆"训练游戏，用6~9张统一色面的卡片摆放成常见图形，然后随意取出一张让孩子放置，引导孩子摆放出示范图形，培养孩子的图形认知能力。比如："小手拍拍"训练游戏，给孩子播放不同节奏的音乐，让他拍手或挥动双手，培养孩子动作的协调性。课程结束后，席宝妈妈觉得这个课程非常好，孩子又很配合，特意与中心负责人沟通，希望可以让孩子留在中心学习，负责人同意了席宝妈妈的请求，接收了席宝。就这样席宝已经在国学教育成长服务中心学习了一年。通过中心老师的耐心训练和家长的积极配合，目前席宝可以清晰地说出称谓词语及发音较为简单的短句。席宝的妈妈说："之前送席宝去过很多幼儿园，都是被拒绝，来国学教育成长服务中心之前，席宝爸爸觉得这儿的老师也不会让孩子留下来，没想到孩子被留下来了。一年过去，席宝可以清晰地喊'爸爸''妈妈'，还可以指认数字。原来席宝爸爸认为孩子没有希望了，每天都忙着自己的事情不管孩子，现在每天都会抽出时间陪席宝玩游戏，读绘本等。"此时席宝妈妈脸上的幸福和喜悦是发自内心的。

阳原县国学教育成长服务中心一共接收了6名残疾儿童（2名智力发育迟缓、2名患小儿麻痹后遗症、1名患自闭症、1名先天失聪）。这些残疾儿童，普通幼儿园拒绝接收，阳原县国学教育成长服务中心不但接收，而且免去4名贫困残疾儿童所有费用，对另外两名不贫困的残疾儿童也只收最低教学费。在接收残疾儿童的同时，国学教育成长服务中心还对老师、助残志愿者和残疾儿童的家长进行了多次特殊教育培训，目的是为了给这些残疾儿童提供更好的教育和康复服务。截至2018年3月，该中心开展了关于发育迟缓儿童的康复培训讲座12场次，累计参与人数200人；开展了关于自闭症儿童的康复培训讲座7场次，累计参与人数90人；开展了残疾儿童家庭教育小课堂20场次，累计参与人数 400 人。

4. 对志愿者开展助残志愿服务知识培训

随着服务的残疾人逐渐增加，对志愿者们进行专业的助残服务知识的培训成为首要的问题。2017 年 5 月，阳原志联组织开展了第一场助残志愿服务培训，培训的主题是"轮椅的秘密"，培训的讲师是阳原志联会长兼党支部书记刘玉海。本次培训学习轮椅的不同型号和类型，学习轮椅的使用方式，比如如何协助坐轮椅的肢体残疾人从轮椅挪到床上，从床上挪到轮椅，如何在上下斜坡和上下台阶时安全地推轮椅。培训结束后志愿者们纷纷表示通过培训，不但重新认识了轮椅，同时在今后的志愿服务活动中也增强了专业服务的意识。志愿者们感叹：助残服务真不简单，只是一个简单的推轮椅，就有这么多的知识内容，今后的助残服务要学习掌握的专业知识会更多！其实志愿者不单只是奉献爱心和时间，还要学习专业的助残知识，才能为更好地为残疾人服务。

阳原志联助残服务项目组定期开展助残专业知识培训，涉及不同残疾群体的专业服务技能，比如盲人的搀扶技巧、聋人的手语和口语交流方法、肢体残疾人的轮椅使用技巧、智力发育迟缓儿童的训练方法、自闭症儿童的训练方法等。

2017 年 12 月，阳原志联助残小组 3 名骨干还参加了由北京市志愿服务联合会组织的助残志愿服务培训，这 3 名骨干回到阳原后又特意开展了一次培训，向阳原志联的三百余名志愿者传授了在北京学到的更加先进的助残理念和更加专业的助残服务技能。

截至 2017 年年底，阳原志联助残服务项目组对志愿者一共开展了助残志愿服务知识培训 62 场，累计 128 课时。

经过培训，志愿者们掌握了许多专业的助残知识，由普通的志愿者变成了专业的助残志愿者，比如有 11 名志愿者掌握了熟练的手语。专业的助残志愿者们服务起来更加得心应手，服务质量明显提高，被服务的残疾人非常满意。

三、社会影响

截至 2018 年 4 月，阳原志联累计开展专项慰问、培训、康复等各类志愿服务活动四百余次，赠送慰问物资超过 5.8 万元，参与志愿服务人员达两千余人次。助残志愿服务深受全县广大残疾人士的欢迎，不仅扶持和帮助了社会上最需要帮扶的困难群体，同时也点燃了广大残疾人向往美好生活的希望，阳原志联被群众形象地赞誉为"残疾人的守护者"。

四、反思

（一）收集民众捐赠的爱心物资，分发给残疾人，把民众的爱心传递给残疾人

因为生活水平的提高、胖瘦体型的变化和孩子的长大等原因，民众经常会有衣服、被褥和生活用品要淘汰。这些淘汰的东西，几乎完好甚至全新，还可以再使用，完全可以捐赠给生活困难的

人群包括残疾人使用，但是民众不知道该投放到哪里，捐赠给谁。

鉴于这种情况，阳原志联发动多家爱心单位在全县建立了许多爱心物资接收点，接收点设在爱心单位里，爱心单位有幼儿园、教育培训中心和商户。接收点的数量多，范围广，民众可以就近投放。截至2018年4月，阳原志联共建立了爱心物资接收点37个，分别分布于西城镇、东城镇、东井集镇、化稍营镇、揣骨疃镇和大田洼乡。阳原志联对这些爱心物资接收点逐一进行编号并登记，登记的名称为"单位名称+编号"，并且在QQ群、微信群、微信公众号和其他媒体中发布爱心物资接收点的详细名称、详细地址、负责人及其电话，给民众投放爱心物资提供最大的方便。阳原志联志愿者平均每两个月去各个物资接收点取物资，运送到物资接收库（国学教育成长服务中心提供地下室为独立的物资存放空间），然后再统一分拣、消毒、整理，分发给有需要的残疾人。

（二）建立完善的信息与服务档案，开展针对性强的高质量助残志愿服务

"做助残志愿服务就是做好事，做了就很不错啦，没有必要那么认真。"但是阳原志联不这样想，认为既然做了就要做好，要知晓到底有哪些残疾人需要服务，残疾人的情况怎样，残疾人有哪些服务需求，做的志愿服务必须要有针对性，要满足残疾人的个性化服务需求；到底有多少志愿者，志愿者的情况怎样，要让所有志愿者都能参与到助残志愿服务活动中来；接收了多少捐赠物资，价值多少，应该分发给哪些残疾人；已经给残疾人做了

哪些服务，残疾人还需要哪些服务；有哪些爱心单位经常为残疾人捐赠物资，提供精神关爱和助残服务，要在媒体上表示感谢……

为此，阳原志联建立了非常完善的信息与服务档案，记录了上述种种信息，筹建了针对性较强的关爱服务小组，发挥每个志愿者的作用，根据残疾人的服务需求开展服务，把助残志愿服务落到实处，让残疾人实实在在受益。

（三）利用新媒体，使助残志愿服务更加方便

现在是互联网信息时代，除了传统的电视媒体、阳原志联还专门为志愿服务开设了 QQ 群、微信群和微信公众号。在这些新媒体中发布爱心活动策划、志愿者招募、志愿服务活动情况、爱心物资接收点、爱心物资捐赠情况和分发情况等信息。

（四）大力宣传志愿者和爱心单位，扩大助残志愿服务的影响

阳原志联在传统电视媒体和新媒体中，介绍和宣传志愿者帮助残疾人的故事，让志愿者得到应有的尊重，愿意做更多的助残志愿服务；用节假日问候祝福、节假日营业时间提醒和促销优惠活动通知等多种方式向民众宣传爱心单位，让爱心单位的知名度得到提升，事业做得更大，能够给残疾人奉献更多的爱心。

（五）争取各方公益组织的支持，使助残志愿服务做得更专业

阳原志联与阳原县残疾人联合会、张家口张垣之心公益促进会、张家口康复医疗志愿服务队等结对，参与这些公益组织申请到的助残项目，获得这些公益组织的特殊教育资源、康复训练资源、医疗资源和相应的学习机会，为残疾老人和残疾儿童提供更专业的志愿服务。

（六）采取志愿者与家属轮班的方式，满足碎皮加工户照顾残疾老人的需求

地处冀西北的阳原县元代即有皮毛加工的记载，到近代形成以碎皮加工为主的皮毛产业，用精细的工艺将来自各地的碎小下脚料、废料拼接制成精美的皮褥、皮衣、挂毯等。阳原县有不少人在家从事碎皮加工，该活儿不是每天都有，当没有活儿干时，他们可以自己看护残疾老人；当活儿忙时，就无法看护老人了，急需有人帮忙照顾老人。阳原志联的志愿者们根据这种需求，推出轮班照顾的服务方式，由关爱小组的志愿者们与残疾老人的家属轮班照顾残疾老人。

（七）筹划可营利项目，以收益带动公益，使助残志愿服务活动可持续进行

阳原志联不但组织志愿者们做志愿服务，而且积极筹划可营利项目，以收益带动公益，减少公益活动自筹频率，使公益助残

志愿服务活动能够长期持续进行下去，从而能让更多的残疾人长期得到服务和帮助。

阳原志联筹划了"国学教育成长服务中心"项目，该项目依托于上海四叶草、平泉帮帮团国学教育和女童保护等项目先例而筹备。通过吸取成功经验，阳原志联的志愿者们自筹资金，开办了国学教育成长服务中心。

国学教育成长服务中心为幼儿提供的服务比普通幼儿园更加灵活多样，有国学知识课程，让孩子们学习中国传统文化；有各种兴趣班，发挥孩子的才艺天赋；有无假期服务，除了节假日，每逢周六、周日和寒暑假都有老师看护；有接送服务、一日三餐服务和夜间住宿服务，给家长提供方便；素质养成服务，通过孝心作业、公益集市小摊主和小小童子军夏令营等活动，提高孩子们各方面的素质；安全教育服务，给孩子们开设防性侵自我保护课程，交通、户外、学校和家庭安全教育课程。

国学教育成长服务中心对幼儿提供的上述服务，也对青少年提供。青少年额外还有家庭作业，还有提高学习成绩的任务。该中心还专门给青少年提供晚托班服务，督促辅导青少年高质量完成家庭作业；提供小班化和一对一的课业辅导服务，有效提高青少年的学习成绩。

中心还对家长开设亲子课堂，设计开发国学、手工等特色课程，组织孩子和家长一起参与学习，让家长和孩子在共同的学习中增进了解，提高互动频率，缓解家庭中紧张的亲子关系。

如此灵活多样化的服务，加上灵活的招生方式（不限孩子户口,外地孩子也招收;不限招生时间,随到随报,常年招生),吸引了众多的孩子来到国学教育成长服务中心学习。该中心所有的收益都将被全部用于包括助残服务在内的志愿服务,使志愿服务能够持续进行下去。

阳原志联助残志愿服务项目组在三年的助残志愿服务工作中总结出以上七点经验,同时也存在下面三点不足:① 阳原志联只是成立了助残志愿服务项目组,但是还没有开设相关部门专项管理助残志愿服务工作。② 阳原志联目前没有申请到助残服务项目。③ 自筹的国学教育成长服务中心项目刚运行两年,初期投入和产出不成正比,加上还要对中心的贫困儿童免费和支持整个阳原县的所有公益活动,相对公益支出,投入占比太少,希望有政府或者企业可以给予支持帮扶,期待各方关注支持。

五、案例评析

本案例介绍了阳原志联助残志愿服务项目组成立三年来所做的助残志愿服务工作:以春节前集中慰问的形式,慰问孤残老人,给孤残老人送年夜饭、饺子、春联、棉衣等物品,帮助孤残老人打扫卫生迎接新年;以小组专项关爱的形式,与家属轮班或者每周两次定期为残疾老人提供物质和精神的关爱;自筹资金开办阳原县国学教育成长服务中心,收益用于助残公益服务,同时中心接收残疾儿童,为其提供特殊教育及康复训练服务。为了更好地为残疾人提供志愿服务,对志愿者开展助残志愿服务知识培训。

可以说，阳原志联为残疾人中的最困难的两个群体——残疾老人和残疾儿童提供了形式多样、质量上乘的服务，在当地应该具有引领和示范作用。

（一）新残疾人观使志愿者们积极为残疾老人和残疾儿童提供志愿服务

新残疾人观认为，残疾人是平等的社会成员，和普通人一样，基本的生存权和受教育权应该受到尊重和保护，残疾老人和残疾儿童都是人力资源和社会消费者，是全面小康的共建共享者。

当残疾老人和儿童的生活面临困难时，社会理应给他们提供帮助，保障他们的基本生存权。阳原志联的志愿者们积极为残疾老人和儿童提供志愿服务，使他们得到捐赠物资，得到生活照料，得到陪伴和关爱。

儿童是祖国的未来，残疾儿童和普通儿童一样，有受教育权，是普通的受教育者。阳原志联开办的国学教育成长服务中心，深深明白这一点，毅然接收遭到普通幼儿园拒绝的残疾儿童，并且积极对接专业康复训练师，为教师、家长和志愿者们开展专业的康复知识培训，提高教师、家长和志愿者们的康复技能，为残疾儿童提供优质的康复训练服务。

（二）志愿精神使志愿者们为残疾人无私奉献自己的爱心

帮助行动不便的残疾老人洗澡、洗衣、做饭、收拾又脏又乱的家，做这些活儿非常辛苦，每周两次长年累月这样坚持，十分了不起。国学教育成长服务中心的残疾儿童的康复训练需要花费比普通幼儿多得多的心血，老师们和志愿者们任劳任怨、加班加点，免费为残疾儿童做康复训练。奉献的志愿精神在阳原志联的志愿者们身上体现得淋漓尽致，正是这种志愿精神促使志愿者们为残疾人无私奉献自己的爱心。

（三）居家养老助残志愿服务值得大力推广

河北省张家口市阳原县和全国一样是老龄化社会，老年残疾人的养老问题是一个大问题。

家庭养老需要家庭成员付出大量时间和精力，甚至牺牲自己赖以谋生的工作；机构养老费用昂贵，机构的数量又极其有限，这两种养老方式都远远满足不了老年残疾人的养老需求，居家养老是一种最合适的方式。居家养老是以家庭养老为主，城乡社区为辅的一种养老方式，有效利用居住地的资源，整合各方现有资源来实现家庭和社区的紧密结合，由政府提供无偿或低价的公共服务，引入企业和社会组织，提供多元化、专业性服务，实现老人在家居住也可享受最大限度地社会化养老服务。

本案例中讲到的残疾老人养老的方式就是居家养老。残疾老人居住在家里，阳原志联的志愿者们春节前到残疾老人家中慰问，平时以小组专项关爱的形式，与家属轮班或者定期到残疾老人家中提供多元化、专业性的服务。众多志愿者的服务使得阳原县老年残疾人居家养老成为可能，而且养老的质量也得到较大提升。这种居家养老助残志愿服务，值得大力推广。

（四）根据残疾老人的需求提供不同层次的服务

心理学家马斯洛提出的需要层次理论认为，人的需要由低到高分别是生理需要、安全需要、自尊需要和自我实现需要。有研究者在马斯洛的需要层次理论的基础上描绘出残疾老人的需求层次和相应的服务需求，分别是：生活照料需求（送餐、做饭、喂饭、上门助浴、理发、剪甲、修脚、擦身、洗衣、陪同散步、环境打扫、帮助购物、陪同购物、代缴费、紧急呼叫、集中就餐和日托照料）、健康需求（康复指导、代配药、陪同就医、专业护理和身体检查）和精神需求（读报、聊天、心理咨询、小组活动和老年大学）。

阳原志联根据残疾老人的不同需求提供不同层次的服务，对家庭经济极其困难的偏远农村的残疾老人，主要提供食品、衣服和生活用品的捐赠服务；对行动不便的残疾老人，主要提供送餐、做饭、喂饭、上门助浴、理发、剪甲、修脚、擦身、洗衣、陪同散步、环境打扫等服务，满足他们的生活照料需求；对患有心脑血管慢性病的残疾老人，主要提供康复指导、代配药、陪同就医、专业护理、身体检查等服务，满足他们的健康需求；对文化程度比较高、经济条件和身体状况都比较好的残疾老人，主要提供陪伴聊天、读报和小组活动（手工作坊和联谊会）服务，满足他们的精神需求。

（五）人人做公益，随手做公益，随时随地做助残志愿服务

阳原志联的每一个志愿者，不但积极参加团队策划的志愿服

务活动，而且随时随地都在做随手公益。在街上看到人行道上的自行车摆放很乱，挡了不少人行道，志愿者们就立即停下来把自行车摆放整齐，让人行道变得宽敞，为过往行人，尤其是盲人和肢体残疾人在人行道上的行走提供方便；看见盲人过马路，志愿者们立即上前搀扶引导；看见坐轮椅的肢体残疾人吃力地摇着轮椅前行，志愿者们立即上前帮忙推轮椅，如此等等。志愿者们此时并没有穿志愿者服装，但是仍然积极做随手公益。在志愿者们的感召下，这样的随手公益，阳原县的普通民众也在做。普通民众还把自己家里用不着的衣服、被褥和生活用品投放到志愿者们设立的爱心物资投放点，捐赠给有需要的残疾人。可以说，阳原县的每一个人都在做随手公益，热心帮助残疾人。

（六）儿童志愿者是助残志愿队伍的新生力量，助残志愿服务工作后继有人

该案例中出现了儿童志愿者。在小组关爱残疾老人的活动中，7岁的瑶瑶和父母一起形成一个三人关爱小组，到严重失忆的闫奶奶家中陪伴照顾闫奶奶。瑶瑶的年龄虽小，但是已经做了两年助残志愿者了，从她稚嫩的日记中可以看出，她和她父母一样非常有爱心，她很喜欢闫奶奶，很渴望经常去陪伴闫奶奶。

像瑶瑶一样的儿童助残志愿者在阳原县有6名，他们都是三年级以下的小学生。阳原县和全国一样，儿童一般从三年级开始补习奥数、阅读、英语等，孩子的周末都被课外班和繁重的家庭作业占据，不再有时间做志愿服务。虽然儿童志愿者做志愿服务的时间不太长，但是儿童在跟着父母做助残志愿服务的过程中可以模仿父母的爱心行为，体会到帮助残疾人的快乐。做过志愿者的儿童长大成人之后，也很可能像父母一样做助残志愿者，而且也会带着他们的孩子做助残志愿者。助残志愿服务工作后继有人，代代相传。

阳原志联通过暖冬行传递关爱和小组专项关爱两种方式为残疾老人提供了优质的居家养老助残服务；成立国学教育成长服务中心，招收被普通幼儿园拒收的残疾儿童，并对其提供康复训练服务。阳原志联的助残志愿服务实实在在地解决了残疾老人的生活问题和残疾儿童的受教育问题，社会影响巨大。阳原志联的助残志愿服务非常有特色，希望有更多的志愿者加入阳原县志愿服务联合会中来，希望政府和更多的企业及个人关注和扶持阳原县国学教育成长服务中心，增加其投入占比，以更多的收益带动更多的公益服务，把阳原县的助残志愿服务做得更好。

案例十五：平凡孕育伟大，一个新时代青年助残志愿者的践行历程

北京市房山区长阳镇残疾人职业康复站　邱李

一、康复站简介

2017年，北京市房山区长阳镇残疾人职业康复站（以下简称长阳职康站）为了锻炼志愿者队伍，努力提升志愿服务水平，贯彻落实《北京市市民居家养老（助残）服务（"九养"）办法》，继续推进居家养老（助残）一体化服务体系建设，成功申购了北京市政府购买服务"温馨家园专业助残志愿服务及组织培育试点项目"，旨在通过本项目的实施，建立一支具有较强专业技能的志愿者服务队伍，能够对辖区内的残疾人提供个性化、多层次的志愿服务。

北京市房山区长阳镇地处平原农村，靠近五环经济带，因此青壮年劳动力大部分进城务工，形成了许多空巢老人家庭。本地区的水质和饮食习惯，导致心脑血管疾病高发，许多老年人患有

动脉硬化、脑血栓等疾病，导致残疾。

截止到 2018 年 3 月，由长阳镇残联统计登记在册的残疾人为 1391 名，其中 60 岁以上的老年残疾人有 867 人，占全镇残疾人的比例为 62.3%。登记在册的肢体残疾老人有 689 名，占老年残疾人的比例为 79.5%。

这些空巢老年残疾人面临诸多困难，有以下六个方面的服务需求。

第一，个人生活自理服务。残疾导致个人生活自理能力下降或缺失，例如洗澡、穿衣、上厕所等都需要人帮助。

第二，家务劳动服务。残疾导致家务劳动负担加重，主要是护理人员承担。

第三，心理疏导服务。残疾导致产生心理问题，社会融合程度下降，如不与人交往、无法参加社区活动或公共活动等，护理亲属产生悲观厌烦等情绪。

第四，政策信息服务。残疾导致对政策、信息等获取困难。

第五，专业康复技能服务。缺乏专业的康复知识和康复锻炼。

第六，其他服务。如购物、购药、就医、出行等。

本项目中，志愿者们分别给残疾老人提供了上述服务中的一项或者几项服务。在为期十个月的志愿服务过程中，涌现出许许多多感人的志愿服务故事，小林就是其中的代表。

二、小林的志愿之旅

小林，男，28 岁，大学本科毕业后入伍 2 年，退役后来到长阳职康站从事残疾人服务工作。参加工作后，小林踏踏实实地在长阳职康站从事精神和智力残疾人的康复工作，至今已4年有余。在工作中他又有幸成为一名光荣的中国共产党党员，自2016年长阳职康站参与政府购买服务项目开始，他又主动加入其中，成为一名青年助残志愿者。他在一次工作汇报中提到，作为一名残疾人事业工作者，他听到、看到并且切身经历过的残疾人不屈不挠、顽强拼搏、勇于实现自身生命价值的感人事例太多了。这些事例使他对自己的工作和作为一名中国共产党党员所肩负的责任有了更为清楚的认识。所以他积极加入了助残志愿者的行列，秉持着"奉献、友爱、互助、进步"的志愿服务精神开展志愿服务活动。他坚信作为一名助残志愿者，奉献自己的爱心，身体力行地服务社会，是他一直以来的志向和目标，也是他学以致用、自我提升的最好舞台。

小林刚接触他的服务对象时，感触颇深。这个76岁的老人在十年前因病造成了严重的偏瘫，导致右侧上下肢残疾，并伴随肿胀和阵痛。残障后，老人需要借助轮椅行走，生活自理程度也大为降低。他和同样年迈的老伴儿相依为命，子女不在身边，是个典型的空巢家庭。也许是老人身上脏乎乎的穿着，也许是家里长时间没有收拾而乱七八糟的陈设，也许是老人拿起茶杯喝水时那不断抖动的手臂，使小林在见到老人的那一瞬间大为触动。此后小林便成为老人家里面的"常客"。但是最初小林就遇到了困难，他发现老人话不多，不太喜欢跟人交流，即便小林时常给老人收拾房间，给老人换洗衣服、做饭，帮助老人洗漱。小林为此颇为苦恼，不知如何是好。在此期间，北京市残联为全市助残志愿者骨干组织了一次为期两天的培训活动。当时中华女子学院社工系的专家老师给大家上了一堂课，主讲的内容是社会工作方法及其运用，系统讲述了专业社会工作方法的演变、工作模式，以及实际实施的工作过程，并现场与大家分享了一个社区融合的典型案例。这堂课使小林第一次接触到了心理社会治疗模式，受到了很大的启发，他开始尝试用专业化的社会工作方法来解决他所面临的问题。为此，他又找来许多专业书籍，自学了心理分析学、沟通理论、行为主义理论、认知理论等，尤其是霍利斯的《个案工作：心理社会治疗》一书，对小林的思想认识提升最大，书中观点认为人是心理和社会共同作用下的个体，必须用整体的观点去诊断和治疗案主的问题。

　　知识的学习给小林带去了不同的视角来看待老人的问题。经过不懈努力，小林终于找到了问题的症结所在。原来老人和老伴儿一起生活，相濡以沫，其乐融融，但是自从他患上偏瘫以后，平静的生活变得波澜不断。老人自身行动不便，老伴儿独自操持家务，子女又为了生计在外奔波，很少能够回家看看，所有的亲人仿佛都离他远去，老人把这些全部归结到自己的残障上，认为这一切全是自己造成的。渐渐地，老人开始不爱与人交流，心灵的窗户彻底紧闭上了。明白了问题的根源，小林就借助自己学到的知识来帮助老人。小林为老人专门做了个性化融合方案，希望通过一系列的个性化服务，使老人能够消除自卑心理，真正树立起对生活的自信。首先，小林借助给老人过生日的机会，特意把在外地工作的儿子邀请回家，陪伴老人一起切生日蛋糕，给老人唱生日歌。当天老人流下激动的泪水，指着小林对他儿子说："别人都能记得给我过个生日，我的亲生儿子怎么就记不住呢？"老人的儿子也很愧疚，当着双亲的面保证，以后每年一定给自己的父亲过生日。他同时也做了自我检讨，是自己忽视了对长辈的关心，表示以后一定常回家看看。自此老人的脸上逐渐多出了笑容，也慢慢接受了小林的"时常到访"，两人之间的话语也多了起来。小林每次到老人家里完成服务任务以后，都会坐到老人身旁，为他读读新闻，让老人了解当下的各类大事小情，偶尔小林还会讲两个笑话逗老人开心。接下来，小林开始关注老人的康复锻炼，争取让老人的病情有所缓解，提高老人的生活质量。小林发现老人的上肢比下肢的病情弱，而且老人偏瘫前一直爱好撰写书画，因此小林通过温馨家园的政府购买服务项目，让老人报名参加残疾人书画爱好者培训班，希望通过发挥老人兴趣爱好的同时，对其手部进行康复锻炼，同时也可以通过每次上课，让老人走出家门，多多与人交流，从而促进老人的社会融合。另外，小林还不断地学习康复类的知识，特意找来《偏瘫患者肢体康复方法》一书，向老人宣传康复锻炼的重要性。当小林了解到足底按摩对老人的下肢康复有益时，他的助残志愿服务当中就又增添了一项内容——为老人洗脚。

　　经过小林两年多的志愿服务，老人的生活质量有了明显的提高。老人脏兮兮的身体变得干净利落，又脏又乱的家里变得非常整洁。现在老人可以使用拐杖在室内行走，也可以自己做些简单的事情，如洗漱、穿衣、上卫生间等。老人的精神面貌也改善了许多，平时要不就在家写写画画，要不就是找来邻里朋友在家中小聚，聊天打牌，还主动参与外出游览等社区活动。

三、社会影响

在上述具体案例中，服务对象及其家人和周围群众都对小林的志愿服务非常满意。

被服务的残疾老人很开心地逢人就说："志愿者小林的心眼真好，比我亲侄子还亲，他很有耐心，也很细心，服务得很周到。他的按摩技术超棒，他的按摩使我的身体比以前好了很多。他让我的儿子经常回来看我，他让我参加各种活动，我感到非常幸福。"

残疾老人的老伴儿也动情地说："小林的服务大大减轻了我的负担，我能歇一歇，喘口气；没有小林，我真的会累垮。"

老人的儿子在外为生计操劳奔波，家里老人被小林照顾得这么好，他能够更放心地在外工作。另外，在小林的提醒和带动下，他转变了对老人的看法，以前他认为只要把钱给老人寄回来就可以了；他现在才意识到，老人不仅仅需要钱，更需要孩子的重视、关心和陪伴。每逢节假日和老人的生日，他都尽可能抽出时间回家陪伴老人，老人开心，他自己更开心。

周围的普通老人看到小林把这个残疾老人照顾得这么好，都很感动，说要是自己哪天也残疾了，也不怕，因为有志愿者来帮忙。年轻人也想，自家的老人如果残疾了，也可以像这个老人一样得到很好的照料和康复，自己也能安心在外工作。大家都在称赞志愿者们的服务让我们的社会变得越来越美好。

正是有了许许多多小林这样的志愿者，本项目的志愿服务活动取得丰硕成果。在2017年开展的助残志愿服务活动中，志愿者在日间照料、入户帮扶、快乐出行、健康讲座等方面累计服务了4个社区的30户残疾人家庭，开展了3次社区康复知识讲座，组织了5次出游活动，使12935人次的残疾人受益。项目组对所有服务对象都进行了满意度调查，调查结果是总体满意度达到100%。

第一，通过本项目的实施，满足了残疾人和残疾人家庭的需求。

首先，对有托管需求的残疾人家庭，提供了日间照料服务，对有家政服务需求的残疾人，提供了综合包户服务。其次，通过快乐出行服务，让残疾人走出家门，在游览过程当中，交到了朋友、受到了教育、培养了爱好，让他们的生活更加美好，使社区更加和谐，提高了他们的社会融合度。再次，通过三次特色讲座，残疾人及其家属增强了法律意识，让他们可以合理地表达诉求；他们能够正确对待心理问题，生活更加舒心；他们学到了实用的康复锻炼知识，身体状况得以改善。

第二，通过本项目为社区培养了一支有一定规模的志愿者队伍。

通过理论知识和服务技能培训，结合具体志愿服务实践工作，在十个月的服务周期中，积累了一定的志愿服务经验，初步形成以青年志愿者为骨干的，具备一定专业化知识和服务技能的志愿者队伍。

为了志愿者队伍的持续发展，扩大社会影响力，长阳职康站协调联系了9名北京理工大学的学生志愿者加入拱辰温馨家园常态化服务当中来，让老志愿者给学生志愿者进行传帮带，共同完成常态化服务。大学生志愿者充分发挥他们的主观能动性，服务效果显著。

四、反思

在本项目的实施过程中，通过对小林这个典型的志愿服务个案的具体描述和深入思考，总结出了以下几点好的经验与大家共勉。

（一）志愿服务需要多方联合

多方联合，能起到1加1大于2的效果。长阳职康站通过本项目，联合周边其他温馨家园来共同完成本项目，达到了有效整合各温馨家园资源的目的。每个温馨家园都有各自的工作团队和熟悉的服务对象，同时也都建立了各自的志愿者队伍，但是普遍规模都很小，发挥的作用有限。在本项目中，通过长阳职康站的协调和组织，在发挥各温馨家园特长的同时，快速聚集起一支有一定规模的志愿者队伍，便于统一协调和管理，从而显著提高了志愿服务的工作效率和服务质量。联合其他温馨家园，还使得本项目扩大了志愿服务区域，把更广阔区域中需要帮助的残疾人士纳入受益人群当中来，不仅提高了社会影响力，还更充分地利用政府购买服务项目的经费，让国家不浪费一分钱，让政府的政策切实地落到实处。

（二）志愿服务与党建相结合，相互促进

长阳职康站在组建志愿者队伍之初，就有目的、有意识地动员青年党员加入助残志愿者队伍之中。青年党员不断地受到各级党组织的党建教育，他们朝气蓬勃，鼓足了干劲，可以在志愿服务中充分发挥基层党组织和党员的带头作用和榜样作用，为群众办实事，办好事。小林的事例表明，有了党员的带头，可以大幅度地激发其他志愿者的服务热情和积极性，在良性竞争的环境中，使得志愿服务队伍的整体素质和服务水平得到提升。与此同时，以小林为代表的共产党员通过参加助残志愿服务活动，对党性有了更为深刻的认识和理解，并提高了自身的综合素质和实际工作能力；通过在学习中借鉴，在学习中思考，提高了青年党员的政治素养和思想觉悟。

（三）要想保证志愿服务质量，必须加强培训

长阳职康站自始至终都十分重视对志愿者队伍的培训工作。我们的志愿者都是来自社会各界的爱心人士，他们同情残疾人，愿意在工作之余，抽出时间来进行志愿服务，其出发点是值得学习的。但残疾人是个特殊的群体，他们或多或少都会存在一些生

理、心理、性格、交流、学习、认知等方面的障碍，这就要求为其提供服务的志愿者不光是要有爱心，还必须具备一定的专业知识和专业技能，否则就会事倍功半，严重的还会对服务对象造成伤害。因此长阳职康站在组建好志愿者队伍后，除了制定志愿者管理制度和行为准则外，还紧锣密鼓地对志愿者开展了一系列的技能培训。培训的内容涵盖助残志愿者的心理准备、助残志愿者的基本理念和基本原则、各类残疾人的沟通技巧和注意事项、助残礼仪，以及轮椅的使用技巧、盲人的搀扶技巧、聋人的简单手语表达等。小林接受培训后得到启发的事例告诉我们，因为每个人接受的教育和工作经历是不同的，这就使得每个人的能力和认知水平都不尽相同。只有不断学习，掌握更多的助残专业知识，不断地提高自身的能力，才能更好地完成服务工作，提高服务质量。

（四）社会环境对服务对象的影响是不可忽视的因素

众所周知，残障是一种有障碍的状态，也许我们人人都有可能遇到，但是很多人却忽略了残障是物理伤害和社会环境共同作用的结果。小林的案例就清楚地表明，脱离了服务对象的家庭环境、亲属态度、社会融合等因素，仅针对残疾人所受到的物理伤害提供帮助是不够的。当小林清楚意识到他的服务对象真正所需要的是家人的关心时，他用给老人过生日的方式，改变了其家人的态度，从而激发了老人对生活的信心，才有了老人后来的巨大转变。这表明，改变环境因素是消除残障者自卑心理的一种重要途径。

（五）灵活多变的转介式服务，可以更加精准地使残疾人受益

长阳职康站经过实施多个政府购买服务项目后认为，残疾人的需求是多方面的，单个社会组织没有精力和能力去满足服务对象的全部需求，但是一旦识别出残疾人的需求超出了本组织的能力时，可以通过转介的方式让有能力的组织对其提供服务。在本案例中，小林就识别出了他的服务对象有写字画画的需求，他就运用了转介的方法，把服务对象纳入了其他有能力提供服务的项目当中去，从而更好地为老人提供了他所需要的服务。因此助残组织或个人应当清醒认识到，在助残志愿活动中，对于那些我们自身无力解决的问题不要轻言放弃，兴许别的社会组织可以很轻松地把问题解决好。

（六）给残疾人赋能是志愿者所能提供的最好服务

我们从事残障事业的工作者应该深有体会，社会组织的发展现状，以及受各种资源的限制，使我们不可能通过助残志愿服务、政府购买服务项目或其他工作就能把所有残障问题消除。通过我们的志愿服务或政府购买服务项目，确实能够使一部分残疾人的需求得到满足，但是项目结束了，对残疾人的服务也没有了，服务缺乏可延续性。因此我们更多的工作应该注重于通过多重措施，为每一位残疾人士赋予正能量，激发正能量，让他们树立对生活的自信，引导他们依靠自身的特长和能力，消除或降低残障对他们的影响。在本案例中，小林就通过他的服务激发了服务对象对

美好生活的向往，即便没有了志愿服务，他的服务对象也能够通过自身的能力去满足自己的需求。

以上六点是长阳职康站自 2008 年建站后，从事残疾人工作多年并且结合志愿服务项目的实施过程所得出的一些浅见，同时拿出一个项目中涌现出的优秀案例与读者分享。当然，在本项目的实施过程中，也不可避免地出现这样或那样的问题，比如自身管理团队成员的能力不足，缺少具备专业知识的专家老师的支持，缺乏对志愿者培训后效果的评价，缺少与其他地区的社会组织，以及跨领域机构的沟通，等等。这些问题，长阳职康站会竭尽所能，持续改进，同时也希望能够与其他助残社会组织多多交流，共同为残障事业的发展努力奋斗。

五、案例评析

本案例介绍了长阳职康站的"温馨家园专业助残志愿服务及组织培育试点项目"，介绍了这个项目开展的助残志愿服务活动，对青年志愿者小林为偏瘫残疾老人开展志愿服务活动的事迹做了非常详细的介绍，通过这名志愿者的志愿助残活动，归纳出了长阳职康站的志愿服务活动经验。该案例讲述了一个非常具体的志愿服务故事，有完整而生动的情节，有疑难问题，有解决方法，有经验的总结和反思，是一个非常值得推广和借鉴的案例。

（一）助残志愿服务促进了老年残疾人居家养老方式的推广

我们国家现在是一个人口老龄化、高龄化、家庭空巢化与老龄残疾化的社会。北京市房山区长阳镇的老年残疾人形势与全国一样，截止到2018年3月，由长阳镇残联统计登记在册的60岁以上的老年残疾人就有867人，其中有许多空巢家庭。长阳镇老年残疾人的养老问题十分严峻。

家庭养老需要家庭成员付出大量时间和精力，甚至牺牲自己赖以谋生的工作；机构养老费用昂贵，机构的数量又极其有限，这两种养老方式都远远满足不了老年残疾人的养老需求，居家养老是一种最合适的方式。居家养老是以家庭养老为主，城乡社区为辅的一种养老方式，有效利用居住地的资源、整合各方现有资源来实现家庭和社区的紧密结合，由政府提供无偿或低价的公共服务，引入企业和社会组织提供多元化、专业性服务，实现老人在家居住也可最大限度地享受到社会化养老服务。

作为全国首都的北京，早在2009年就出台了《北京市市民居家养老（助残）服务（"九养"）办法》，长阳职康站一直在积极贯彻落实这个文件，为老年残疾人提供居家养老服务。第一，常态化服务，在温馨家园内对残疾老人提供日间照料服务，使亲属得以休息。第二，综合包户服务，入户为残疾人提供家政服务、心理疏导、文体活动、陪伴出行等，满足了残疾人的个性化需求。该案例中的志愿者小林为残疾老人提供的就是综合包户服务。

志愿者小林上门为残疾老人提供了非常好的个性化服务，残疾老人及其家属和周围群众都非常满意，志愿者小林自己也很满意和自豪，周围的志愿者纷纷向小林取经，吸引了更多的志愿者参与到居家养老助残服务中来。众多志愿者的服务使得老年残疾人居家养老成为可能，而且养老的质量也得到较大提升，促进了老年残疾人居家养老方式的推广。

（二）需要层次理论促使养老助残服务更加精准

心理学家马斯洛提出的需要层次理论认为，人的需要由低到高分别是生理需要、安全需要、自尊需要和自我实现需要。有研究者在马斯洛的需要层次理论的基础上描绘出残疾老人的需求层次和相应的服务需求分别是：① 生活照料需求（送餐、做饭、喂饭、上门助浴、理发、剪甲、修脚、擦身、洗衣、陪同散步、环境打扫、帮助购物、陪同购物、代缴费、紧急呼叫、集中就餐和日托照料）；② 健康需求（康复指导、代配药、陪同就医、专业护理和身体检查）；③ 精神需求（读报、聊天、心理咨询、小组活动和老年大学）。

本案例中的小林仔细研读过许多心理学书籍，对马斯洛的需要层次理论很熟悉。小林对自己的服务对象的需求层次非常清楚，因为偏瘫行动不便，所以有生活照料需求；因为偏瘫的肢体需要康复，所以有健康需求；同时该残疾老人的文化程度比较高，而且爱好书画，所以还有比较高的精神需求。小林给这位残疾老人提供的综合包户服务非常全面，有做饭、喂饭、上门助浴、理发、剪甲、修脚、擦身、洗衣、陪同散步和环境打扫；康复指导、陪同就医和专业护理；读报、聊天、心理咨询、小组活动和老年大学。小林提供的服务，充分满足了老人的生活照料需求、健康需求和精神需求。尤其是老人爱好书画的精神需求，小林通过政府购买服务项目，让老人报名参加了残疾人书画爱好者培训班（相当于老年大学），以转介的方式满足了老人的高级精神需求，做到了精准服务。

（三）新残疾人观促使志愿者把助残志愿服务工作做得更有深度

新残疾人观尊重残疾人的尊严，每一个具体的人在人格上是平等的，无高低贵贱之分；肯定残疾人的价值，人的固有价值是没有差异的，残疾偏见与歧视的根源在于用人本身之外的价值，比如劳动能力，来衡量残疾人。该案例中的老人因病致残，成为残疾人，丧失了劳动能力，甚至丧失了起码的生活自理能力，但是他与普通人一样是平等的，仍然有人的尊严和价值。老人自己没有正确认识自己的残疾，变得自卑自闭，紧闭心门，不爱与人交流。志愿者小林因为拥有这样深刻的新残疾人观，所以他能充分尊重残疾人，在与老人的交往中平等地对待老人，能够细心地体察老人的心思，帮助老人找到问题的根本原因，想到了把老人的儿子请回来和老人一起过生日的解决办法，打开了老人的心门。小林改变了老人对自己残疾的看法，老人变得自信，爱与人交流，积极向上地参与各种社会活动。如果小林没有新残疾人观，认为残疾人就是低人一等，自己仅仅出于同情心照料残疾人，小林的志愿服务就只能停留在表面，难以深入老人的内心，老人的心理就得不到康复。

新残疾人观认为，判断残疾人的能力，应当着眼于他们能干什么，而不是不能干什么；对待残疾人，首先不是同情、怜悯、慈善、救济，而是创造条件让他们在参与中实现发展；对残疾人的服务，对残疾人最好的帮助，不是代替他们去做什么，而是向他们提供必要的支持，让他们自己有权利做出选择，并在事实上获得平等参与社会生活的机会和空间。小林正是因为拥有这样的新残疾人观，他才能细心地发现老人的上肢比下肢的病情弱，才能想到老人偏瘫前一直有撰写书画的爱好，还有重新拾起来的可能，因此小林积极想办法，通过温馨家园的政府购买服务项目，让老人报名参加残疾人书画爱好者培训班。这样的支持让老人能够走出家门，平等地参与社会生活，共享社会成果。新残疾人观使得小林做的居家养老助残服务工作非常有深度。

（四）"奉献、友爱、互助、进步"的志愿精神促使志愿者克服困难做好助残志愿服务

该案例很好地体现了"奉献、友爱、互助、进步"的志愿精神。偏瘫的残疾老人由于行动不便，身上的穿着总是脏乎乎的，家里的陈设也因长时间没有收拾而乱七八糟，小林见到这样的情境，不是心生嫌弃，而是大为触动，萌生了要帮助残疾老人的想法，这是因为小林具有奉献和友爱的志愿精神。这种精神激励着小林在后来的志愿服务中不求回报，不计报酬，不求名利，不

要特权，无偿付出自己的体能、智能和技能。小林与人为善，尊重老人，并且欣赏老人，相信老人能够重新拾起书画的爱好，肢体能得到更好的康复。

残疾人之间的个体差异很大，不同残疾类别的残疾人的身体心理特点都大不相同，即使是同一种残疾，每个残疾人的情况也都不一样。在志愿服务中，每个志愿者遇到的问题都有所不同，而统一的培训不可能解决所有的问题。遇到问题和困难时，奉献的精神激励着志愿者坚持下来，积极寻找解决问题的办法。

小林在志愿服务中遇到了残疾老人紧闭心门不与人交流的问题，他在最初的志愿者基础培训和后来的志愿者骨干高级培训中学到的知识都不够用了，奉献的志愿精神激励着他坚持下来，通过刻苦自学来充实自己。他找来许多专业书籍，自学了心理分析学、沟通理论、行为主义理论、认知理论等，特别仔细地研读霍利斯的《个案工作：心理社会治疗》一书，最后终于找到了打开老人心门的方法。

另外，奉献的志愿精神还激励着小林不断学习康复知识，特意找来《偏瘫患者肢体康复方法》一书，仔细研读，用书中的康复方法给老人按摩腿和足底，让老人偏瘫的肢体机能有了比较大的提高。

（五）志愿者在志愿服务活动中的成长体验，促使助残志愿服务越做越好

小林看到自己的志愿服务给残疾老人及其家人和周围的人带

来这么大的变化，他非常开心，体验到很高的成就感和价值感。同时，他也体会到了自己的成长。他学到了很实用的康复技术，能够服务更多的残疾人；学到了专业的社会工作方法，能够更好地与性格内向的人交往，在处理家庭矛盾、邻里关系的时候更为从容；学到了志愿服务的核心价值——利他主义精神。

小林在一次志愿服务项目全体志愿者经验交流会上提到，在参与志愿服务的过程中，让他懂得了什么是志愿者，体会到了什么是"志愿付出，快乐奉献"的利他主义精神。虽然志愿服务工作是平凡的、普通的，但是我们的青春是火热的。通过不断的学习，不断的参与志愿服务，我们就是在践行着中华民族伟大复兴的中国梦！小林还经常告诫自己，要牢记入党誓词，为此他时时刻刻都以志愿精神激励自己，以一位共产党员所肩负的使命要求自己，在志愿服务中敢于担当，起模范带头作用。能够在残疾人事业中无私奉献自己的一份力量，小林感到无比的自豪。小林这样的成长体验，促使他做更多的志愿服务，把志愿服务做得更好。

（六）发展骨干志愿者，吸引来更多的高素质志愿者，促使助残志愿服务能够高水平持续进行下去

长阳职康站除了对志愿者进行专业培训，把普通的志愿者变成专业的助残志愿者，还注重培养大量骨干志愿者，给一般志愿者提供成为领队的机会，争取将更多的一般志愿者发展为骨干志愿者。短短10个月时间，长阳职康站在90名志愿者中发展出了15名骨干志愿者。对骨干志愿者进行了更高级的专业知识培训，

使骨干志愿者学习到专业社会工作者的工作技巧，进一步提高了志愿服务水平和管理水平。

举办志愿服务项目全体志愿者经验交流会，让骨干志愿者介绍分享经验。小林和他服务对象的事迹在志愿者队伍中传开后，好多志愿者都对他竖起了大拇指，并纷纷以小林为学习榜样，通过不断地自学和互学来积累助残技能和经验，提高自己的志愿服务水平。

更可喜的是，骨干志愿者的事迹还吸引来了 9 名北京理工大学的学生加入助残志愿者队伍中来。名牌大学的学生文化知识水平更高，各方面素质更好；他们的加入，使得助残志愿队伍的整体素质更上一层楼。通过老志愿者的传帮带，这些高素质的新志愿者会很快成长起来，促使助残志愿服务能够高水平持续下去。

老年残疾人居家养老的方式值得推广，助残志愿者如何更好地为老年残疾人提供居家养老服务，是应该持续探索的一个问题。专业的助残志愿者的培养也是一个长期的任务。祝愿房山区长阳职康站把老年残疾人的居家养老服务做得更好，专业的助残志愿者的队伍越来越壮大，素质越来越高，能够更加广泛地、更加高质量地为残疾人提供助残志愿服务。

案例十六：愿"星星的孩子"不再孤单

北京市大兴区心星蓝图服务发展中心　王广志

他们有明亮的眼睛，却不愿和你对视；有正常的听力，却总是充耳不闻；有清脆的嗓音，却很难和你交流；有行为，却总与你的愿望相违……人们把他们叫作"星星的孩子"——犹如天上的星星，一人一个世界，在遥远而漆黑的夜空中独自闪烁，他们像星星一样纯净漂亮，却也像星星一样冷漠孤独，在他们背后则是一个个陷入无边黑暗的家庭。这些"星星的孩子"在医学上被称为孤独症儿童。

孤独症是一种广泛性发育障碍疾病，又称为自闭症，主要表现为不同程度的言语发育障碍、人际交往障碍、兴趣狭窄和行为方式刻板。目前对孤独症儿童普遍采用康复训练教育为主的方式进行矫治，整体上比较复杂和难度很大，亟须社会的关心、帮助和支持，包括志愿服务。志愿服务是指不以获取报酬为目的，自愿以智力、体力、技能等为他人和社会提供帮助的公益行为。下面给大家分享北京市大兴区心星蓝图服务发展中心为孤独症儿童开展志愿服务的案例。

一、案例背景

张昊霆是孤独症家庭的一员,他的弟弟张一白是一名孤独症患者。在张昊霆上大学期间,弟弟张一白出生。因为和弟弟的年龄差距较大,张昊霆更多地担负起了照顾张一白的责任。在照顾过程中,张昊霆逐渐发现张一白与同龄的孩子很不一样。无论如何引导,张一白都对身边的事物不感兴趣。同龄儿童三五成群地追逐嬉戏时,张一白总是紧紧抓着哥哥张昊霆的手畏缩不前,完全没有与其他小朋友交流的愿望。甚至在家中,张一白也不会向家人表达自己的诉求。很多次,张一白生病导致身体不适,都只是发出怪异的叫声,父母多次问询都得不到答案,最终只能当作是孩子哭闹。每次都是细心的张昊霆发现张一白生病了,并将其带往医院。在求医过程中,张昊霆得知张一白是一名孤独症患者,其语言能力大大逊于同龄儿童,模仿能力和智力水平更是与同龄儿童差距悬殊。

张昊霆和自己的父母一同为张一白的康复做着努力。随着年龄的增长,张一白越来越无法融入社会,日常生活中也经常做出一些常人难以理解的怪异行为。有一次,一家人围坐在一起看电视,张一白突然起身离开,之后从厨房端来一盆凉水浇到了电视机上。父母对他的表现勃然大怒,张昊霆拦下了父母,耐心地和弟弟沟通。类似的事情还有很多。经过家人多年的陪伴与摸索，张一白的病情好转了许多。但是，这段经历让张昊霆意识到大多数家庭在面对一个"星星的孩子"时，表现出的耐心与理解远远少于愤怒与绝望，社会上大多数人对这些孩子更是缺乏认识和包容。

因为自身的经历，也为了让更多来自"星星的孩子"得到关爱和理解，让更多孤独症家庭摆脱绝望和痛苦，有两年孤独症儿童志愿服务经历的张昊霆，在2016年9月成立北京市大兴区心星蓝图服务发展中心（简称心星蓝图），准备为关爱更多的孤独症儿童做出的努力。心星蓝图的名字来源是心系"星星的孩子"，为他们创造美好蓝图。

心星蓝图服务发展中心目前一共有志愿者10人，张昊霆带领10名志愿者开展了孤独症常识宣传活动、陪伴孤独症儿童活动以及孤独症家庭心理减压活动。一年多来，心星蓝图服务发展中心一共服务了孤独症儿童三百余人次。

二、活动组织与实施

（一）开展孤独症常识宣传活动

孤独症这种疾病，人们对其认识得非常晚。最早是1911年由一个瑞士精神病医生提出"孤独症"这个词并引入专业文献的。直到1943年，美国儿童精神病医生Kanner才报告了11名儿童具有共同的异常特征：拒绝交往，不说话，或以自己的方式说话；

对环境有着相当或极端固定的要求。为了概括这些异常行为方式，Kanner 医生引用了"孤独症"这个概念，并把这些症状首次命名为"婴儿期孤独症"，简称孤独症。从首次提出孤独症这个词的 1911 年算起，至今才一百多年，从首次把儿童的这些异常症状命名为孤独症的 1943 年算起，至今只有七十多年时间。医生专家们都认识得这么晚，普通大众百姓就更不知道孤独症是什么了。

大众对孤独症的不了解，导致在见到孤独症人群的异常行为时，觉得非常怪异，难以理解。孤独症和很多疾病一样，越早发现、越早进行治疗和康复训练，效果越好。但是大多数家庭对于孤独症这种病症完全不了解，在孩子表现出孤独症倾向时得不到重视，孩子往往会错过最佳的治疗和康复训练时间。家有孤独症弟弟的张昊霆对这些深有体会，他带领的志愿团队，有很大一块工作就是向民众宣传孤独症常识。

除了在自闭症日进行宣传以外，大兴区心星蓝图服务发展中心每月进行一次孤独症常识宣传活动。宣传活动在社区里、公园内和大街上都做过，每次都要摆放孤独症常识展板，向社会大众发放孤独症常识宣传折页，宣传折页累计发放了八千余份。2017 年在 40 场社区普惠活动中向居民普及孤独症常识，受益人次达到一千余人次。在每一次宣传活动中，志愿者们都号召大家不要用异样的眼光看待孤独症儿童，要接纳、宽容和关爱孤独症儿童；号召更多的人加入帮助孤独症儿童及其家人的行列中来，让孤独症儿童不再孤单，能够真切感受到来自社会大家庭的温暖和关爱。

（二）开展陪伴孤独症儿童活动

北京市大兴区心星蓝图服务发展中心成立以来，张昊霆带领团队志愿人员，以每个月一次的频率，定期去"初禾孤独症康复中心"开展陪伴活动。该中心有 16 名孤独症儿童，每个儿童的情况差异很大，有些一言不发，有些说个不停，有些还有自残倾向。志愿团队带领孤独症儿童做简单的手工肥皂、钥匙坠等手工制品，和孤独症儿童建立关系，帮助他们慢慢康复。当然，这一过程比较艰难，孤独症儿童具有沟通障碍，很难和志愿者们沟通，需要志愿者们付出爱心和耐心坚持陪伴，才能慢慢得到孤独症儿童的认可。下面通过志愿者们亲身经历的三个陪伴故事，和大家一起分享经验。

孤独症儿童奇奇（化名）可以进行简单的交流，志愿者以为陪伴奇奇制作简单的手工作品会相对轻松，但是在制作过程中，志愿者发现奇奇经常出现用小木棍、塑料制品狠戳自己的行为。志愿者并没有粗暴地制止，而是以温和的态度拦下奇奇，并用制作手动的小玩具分散奇奇的注意力。当奇奇完成手工制作后，志愿者会不断地夸奖奇奇："奇奇真棒。""奇奇做的手工作品真好看。"……经过志愿者半年多的陪伴，奇奇的自残行为开始明显减少。

孤独症儿童韬韬（化名）在接触过程中，很难集中注意力，很难进行沟通。在制作手工和交流的过程中，韬韬总是自言自语，而且他说的话逻辑不清，咬字不清，非常难以听懂他在说什么。志愿者耐心地倾听韬韬讲话，并尽可能地和韬韬沟通（凭可以听懂的一些字，引导韬韬进行交流）。经过志愿者一年的陪伴，现在韬韬已经可以和别人进行简单的沟通。

  孤独症儿童成成（化名）在接触过中，表现得非常胆小，经常窝在角落一言不发。志愿者经过观察发现，成成非常自卑，畏惧和人交流。志愿者从最简单的陪伴做起，慢慢引导成成参与手工制作。在制作手工的过程中，成成的智力比较低下，即使简单的手工也很难完成，志愿者不断鼓励成成。但是志愿者会不断地说："成成好厉害，这么难的手工都做好了。""成成真棒，你做的手工真漂亮。"经过志愿者的一年半的陪伴，现在成成已经可以和熟悉的人进行简单的沟通。

  除了组织成人志愿者去孤独症康复机构陪伴孤独症儿童，心星蓝图服务发展中心还组织普通儿童和孤独症儿童聚会的活动，让普通儿童陪伴孤独症儿童。有一次，志愿者们组织了 15 名普通儿童和 5 名孤独症儿童一起去大兴区兴华公园玩。这 20 名儿童的年龄都在 6～12 岁，有共同的游戏兴趣。普通儿童穿上志愿者服装，当上小小志愿者，陪伴孤独症儿童一起玩不倒森林和神笔马良之类的团建游戏。在外出之前，心星蓝图服务发展中心的志愿者专门对普通儿童及其家长做了 1 次讲座，讲解了孤独症儿童有哪些行为表现，以及如何对待孤独症儿童。在一起玩耍的活动中，普通儿童和家长都能理解和体谅孤独症儿童，双方没有发生任何误会和冲突，相处得不错。通过多次这样的手拉手陪伴活动，孤独症儿童慢慢地与普通儿童熟悉起来，不再孤单，开始与普通儿童有一些互动；普通儿童也逐渐深入了解孤独症儿童，知道应该如何与孤独症儿童相处。

（三）开展孤独症家庭心理减压活动

孤独症儿童的家长心理压力很大。一种压力来自社会大众对孤独症的不了解，比如家长带着孩子在地铁内，孩子做出怪异行为，不守规矩，大声说话，重复问问题或者重复某种行为，这个时候他人投来的异样眼光，让家长感觉就像针一样扎在自己心上。另一种压力来自孤独症儿童高昂的康复费用。还有一种压力是对孤独症儿童成人后的生活问题的担心，不少家长担心自己去世后，孤独症孩子没人照顾，孩子生活不下去。

志愿者们积极做孤独症常识的宣传工作，增进社会大众对孤独症儿童的了解，减少社会大众对孤独症儿童的异样眼光；根据政府现有的资金补助政策，积极为孤独症家庭争取政府资金，减少家长的资金压力；准备开展照顾成年孤独症人士的志愿服务，消除家长们的后顾之忧。另外，心星蓝图服务发展中心有一个志愿者是心理咨询师，她免费对孤独症儿童的家长进行一对一的心理咨询，为家长疏解心理压力，一年半来，其为10户孤独症家庭做了心理减压。再者，志愿者们还建立了孤独症儿童家长微信群，在这个家长群里号召家长们保持乐观向上的心态，告诉家长们如何正确对待孩子的情绪行为问题，家长们之间也彼此相互倾诉和鼓励。通过这一系列的心理减压活动，家长们的心理压力减轻了不少。家长的心理压力减轻之后，对待孤独症孩子的方式更加平和，也更加科学，能积极带领孩子参与社会生活，让孩子不再孤单。

（四）成立孤独症关爱服务中心为孤独症儿童提供兴趣课服务

张昊霆发现自己的孤独症弟弟对数字敏感，加减法都会算；听力比较好，喜欢听音乐；记忆力也好，甚至能记得五年前某月某日星期几去哪里玩过。张昊霆还发现，他服务过的其他孤独症儿童也有不少儿童具有这样那样的兴趣。于是，张昊霆萌生了一个想法，想办一个服务机构，着重发现寻找孤独症儿童的兴趣点，给其提供相应的兴趣课程，培养其专长，最终让孤独症儿童有一技之长，能够更好地融入社会。

2017年12月，张昊霆发起成立北京市大兴区星愿孤独症关爱服务中心，这是一家在大兴区残联支持下创办的孤独症儿童服务机构。该机构以兴趣课服务为主，康复训练服务为辅。目前，康复训练服务还在筹备中，兴趣课服务已经开始。一些教育培训机构的老师们献爱心，每半个月来一次机构，免费给孤独症儿童上摄影、美术、音乐、烘焙、手工等兴趣课。已经有20个4～10岁的孤独症儿童在该机构学习兴趣课程，其中6～10岁的孤独症儿童有8个。给孤独症儿童开设兴趣课，目前是完全免费的纯公益活动，试行一段时间，如果效果比较好，有更多的孤独症儿童来学习兴趣课程，会考虑适当收取一些学费，以收益带动公益，让孤独症儿童的兴趣课能长期开展下去，孤独症儿童能够一直参与社会生活，不再孤单。

三、社会影响

截至 2018 年 4 月,在心星蓝图服务发展中心成立以来的一年零七个月里,张昊霆带领志愿者团队累计服务孤独症儿童一千余人次,使四百余户孤独症家庭间接受益;建立了一家长期服务基地——初禾孤独症康复中心;成立了大兴区星愿孤独症关爱服务中心,为孤独症儿童特别是学龄期孤独症儿童提供了兴趣课程服务,这在一定程度上填补了空白,因为一般的孤独症康复机构基本以康复训练为主,专门为孤独症儿童开设兴趣课程的非常少。张昊霆打造了一支稳定的服务孤独症儿童的志愿者队伍,获得大兴区五星级志愿者称号,团队骨干队员获得大兴区首批志愿服务职业经理人证书。

四、反思

在陪伴孤独症儿童的过程中,志愿者们发现虽然孤独症儿童经常无法与人沟通,甚至拒绝与人交流,其实在他们的内心当中是十分渴望被人关注,有人陪伴的。不论和孤独症儿童的交流有多么困难,志愿者们都坚持陪伴孤独症儿童。在长期陪伴的过程中,志愿者们积累了一些与孤独症儿童相处的经验:

(一)向孤独症儿童介绍自己要重复进行,方能打开孤独症儿童的心门

尽管已经陪伴了孤独症儿童两三次,志愿者向孤独症儿童介

绍完自己后，孤独症儿童还是不理睬志愿者。志愿者们没有介意，也没有放弃，坚持每次去孤独症康复机构都要先向孤独症儿童介绍自己，以加深孤独症儿童对志愿者的熟悉程度。这样反复介绍的次数多了以后，孤独症儿童与志愿者们逐渐熟悉起来，慢慢打开自己的心门，开始对志愿者有了一些回应。

（二）耐心对待孤独症儿童，方能减少和孤独症儿童的交流困难

志愿者们发现，孤独症儿童非常脆弱和敏感，志愿者在与孤独症儿童交流的过程中，如果志愿者表现出一丁点儿不耐烦或者急躁的情绪，就会引起孤独症儿童的畏惧，之后的交流变得十分困难；如果志愿者一直都非常耐心地对待孤独症儿童，和孤独症儿童的交流困难会减少一些。

（三）对孤独症儿童多使用正向鼓励和强化，方能促进孤独症儿童形成良好行为习惯

当孤独症儿童做出良好行为时，志愿者向孤独症儿童说了类似"你真棒！""你好厉害！"之类的话后，获得被认可感觉的孤独症儿童，会再次出现类似的良好行为。当孤独症儿童得到自己特别喜欢的东西时，会比较配合志愿者，完成志愿者要求他们做的事情。比如：在引导孤独症儿童向志愿者介绍自己的时候，孤独症儿童不愿意说话或出现抵触情绪时，志愿者就给孤独症儿童一些他们特别喜欢的东西，有的孤独症儿童就会开口介绍自己。

（四）长期陪伴孤独症儿童，方能换来孤独症儿童的改变

获得孤独症儿童的认可，是一个比较长时间的过程；志愿者对孤独症儿童的影响，也是一个在陪伴过程中潜移默化的过程，两者都同样需要大量的时间。期望通过一两次的陪伴，就能与孤独症儿童熟悉起来，就能和孤独症儿童交流，这是不现实的。孤独症儿童需要长期陪伴。

本案例的不足之处有以下两点：

第一，需要借助新媒体宣传孤独症常识。社会大众对孤独症儿童的认识严重缺乏，仅靠传统的摆展板、发放宣传折页和开展活动等形式进行宣传，是远远不够的，还要大力借助当今发达的互联网和手机进行宣传，充分使用 QQ 群、QQ 空间、微博、微信群、微信公众号，向大众传播孤独症常识。

第二，需要进一步保持志愿者的积极性。为孤独症儿童服务，需要志愿者付出极大的爱心和耐心，在志愿者付出大爱的同时，社会也需要给予志愿者一定的精神回馈，进一步保持志愿者的积极性，使志愿服务长期进行下去。

五、案例评析

本案例描述了一位志愿者张昊霆因为孤独症弟弟而创建了一个为孤独症儿童（"星星的孩子"）提供服务的心星蓝图服务发展中心，带领 10 个人的志愿者团队，开展孤独症常识宣传活动，向社会大众宣传孤独症的常识；开展陪伴孤独症儿童活动，给孤

独症儿童带去了温暖；开展孤独症家庭心理减压活动，减轻孤独症儿童家长面临的巨大压力；成立星愿孤独症关爱服务中心，为更多的孤独症儿童提供更好的志愿服务。可以说，心星蓝图服务发展中心为孤独症儿童提供了全方位的服务，既有直接的服务（陪伴和兴趣课），又有间接的服务（宣传和减压）。给孤独症儿童提供兴趣课的服务很有特色。这个案例对于孤独症儿童志愿服务具有引领和示范的作用，为了给其他志愿者更好地提供借鉴和学习的经验，再进一步挖掘和提炼出如下几个特点。

（一）该案例体现了新残疾人观

新残疾人观认为，应该尊重残疾人的尊严，每一个具体的人在人格上都是平等的，无高低贵贱之分，损害残疾人的尊严，也会让人的尊严受到损害。张昊霆和他的志愿者团队都具有这样的新残疾人观，所以他们不遗余力地向社会宣传孤独症常识，让民众正确认识孤独症，以平等的眼光看待孤独症儿童的怪异行为，对孤独症儿童不歧视，不责怪，而是给予理解和尊重。新残疾人观认为，判断残疾人的能力，应当着眼于他们能干什么，而不是不能干什么；对待残疾人，首先不是同情、怜悯、慈善、救济，而是创造条件让他们在参与中实现发展。该案例中的所有志愿者，正是具有这样的残疾人观，才会千方百计寻找、挖掘和发展孤独症儿童的独特兴趣，让孤独症儿童在参与兴趣活动中实现自己的发展。

(二) 该案例体现了优势视角理论

"优势视角"是一种关注人的内在力量和优势资源的视角。它意味着应当把人们及其环境中的优势和资源作为社会工作助人过程中所关注的焦点,而不是关注其问题和病理。"优势视角"是社会工作中的一种全新工作理念,它超越了传统的问题视角的理论范式,关注点在于案主的优势和潜能,着重于挖掘案主自身的优点,帮助案主认识其优势,从而达到解决案主外在或潜在的问题。在该案例中,张昊霆正是从"优势视角"的理论出发,发现了孤独症弟弟对数字敏感、听力和记忆力都比较好的优势,还发现了其他孤独症儿童也具有这样那样的优势,从而成立了星愿孤独症关爱服务中心,给孤独症儿童开设兴趣课。

(三) 该案例探索了给孤独症儿童开设兴趣课的服务模式

一般人往往会只盯着孤独症儿童的沟通交往障碍和情绪行为障碍,一心想着怎么康复训练才能减轻甚至去掉孤独症儿童的沟通交往障碍和情绪行为障碍。狭隘兴趣,过度专注于某一事物,是孤独症儿童的一个特点。这一特点,身为孤独症儿童哥哥的张昊霆,从新残疾人观和"优势视角"理论出发,把这个特点看成是孤独症儿童本身存在的优势,他想到要开办一个机构,给孤独症儿童开设相应的兴趣课程,发挥孤独症儿童的优势,让其拥有一技之长。这是一个非常有益的探索。如果到后期,能再搞一些支持性就业项目,让孤独症儿童能够凭借这些特长自食其力就更好了。祝愿为孤独症儿童开设的兴趣课的范围越来越广,兴趣课培训的质量越来越高，为广大孤独症儿童的社会融入开拓出一条新路。

（四）该案例宣传了孤独症常识

依据已有调查数据做出最保守的估计，我国孤独症发生率大约为1%。也就是说，在我国13亿人口中，至少有超过1000万的孤独症个体，其中0～14岁的儿童的数量超过200万。根据我国2016年国家统计局公布的新生儿出生率计算，每年新增孤独症儿童的数量将超过16万。在孤独症儿童数量迅速增长的背景下，对社会公众孤独症知识的普及程度却还很低。调研数据显示，仅有1.63%的调查对象对自闭症相关知识比较了解，90.61%的调查对象不了解相关知识。在本案例中，志愿者们开展宣传活动，向社会公众宣传了如下的孤独症常识。

孤独症是一种神经发育障碍性疾病，起源于婴幼儿期，通常在三岁前可以察觉，有以下两大核心症状：第一，持久性的社会交往障碍，包括社会互动和情绪互动困难，维持关系严重困难和非言语交流障碍。第二，狭隘兴趣和重复刻板的行为方式和感知觉异常，包括对惯常模式等非常固执，拒绝变化；重复的言语或行动，强烈特定的兴趣，整合感官知觉信息存在困难，寻找感官刺激或避免感官刺激。通常有如下表现：

① 言语障碍：大多数孤独症儿童言语很少，会说会用的词汇有限，严重的几乎终生不说话。有的孤独症儿童即使会说话，也常常不愿说话，甚至宁可用手势代替说话。有的孤独症儿童说话

的声音很小、很低，或者自言自语重复一些单调的话。有的孤独症儿童只会机械重复别人说过的话，常常分不清你我，不会用自己的语言来进行交谈。

② 社交障碍：缺乏与人交往、交流。孤独症儿童因其语言能力的限制，常常会"自创"一些非常规的或不符合年龄的沟通方式。比如用一些怪异的声音来表达不舒服，重复说某些短语或句子来暗示自己的焦虑。他们对周围的事物漠不关心，难以体会别人的情绪和感受，也无法正确地表达自己的情绪和感受。

③ 兴趣狭窄，行为刻板：孤独症儿童常常在较长时间里专注于某种或几种游戏或活动，如着迷于旋转锅盖，单调地摆放积木块，热衷于观看电视广告和天气预报，面对通常儿童们喜欢的动画片、儿童电视、电影则毫无兴趣。一些孤独症儿童天天要吃同样的饭菜，出门要走相同的路线，排便要求一样的便器，不肯改变其原来形成的习惯和行为方式，难以适应新环境。多数孤独症儿童同时还表现出无目的的活动；活动过度；单调重复地蹦跳、拍手、挥手、奔跑旋转；反复挖鼻孔、抠嘴、咬唇、吸吮等。

④ 情绪障碍：较多孤独症儿童表现出严重的情绪紊乱，包括容易啼哭、尖叫、发脾气，难于抚慰，甚至暴怒发作，甚至出现攻击、破坏和自伤行为。

⑤ 智力障碍：过去认为70%~90%的孤独症儿童智力落后，近年来，随着众多轻度孤独症儿童被诊断出来，孤独症儿童智力落后的比例下降为30%~50%。智力正常和超常的儿童被称为高功能孤独症儿童。尽管智力水平各异，但有较多孤独症儿童表现

出较好的机械记忆能力，尤其是在记忆数字、时刻表、地图、国旗、车牌、标志、日历、计算等方面。部分（约 5%～10%）轻度孤独症儿童或高功能孤独症儿童在音乐、美术等艺术领域或某一科学（天文、地理、生物、数学等）知识方面显得能力较强，甚至超强。

（五）该案例体现了一个优秀志愿者的成长过程

第一阶段：陪孤独症弟弟康复。

张昊霆 2012 年大学毕业时，3 岁的弟弟张一白被确诊为孤独症。张昊霆一边工作一边和父母一起为弟弟的康复奔波，他经常利用周末休息时间陪弟弟去孤独症康复机构上课。在陪弟弟上课期间，遇到不少志愿者对弟弟提供志愿服务，志愿者们对孤独症儿童的帮助大大温暖了张昊霆的心。

第二阶段：离职全身心做孤独症儿童服务的志愿者。

感受到志愿者温暖的张昊霆，从受助者转变为助人者，他也做志愿者去帮助别的孤独症儿童，而且还做得更彻底，他办了离职手续，离开了心爱的工作单位，做起了全职志愿者，全身心投入孤独症儿童志愿服务中，每天都去康复机构陪伴孤独症儿童。迄今为止，张昊霆已经做了 4 年孤独症儿童志愿者，一共服务了 30 个孤独症儿童，志愿服务时长累积到了 1500 个，并且服务质量优秀，被评为大兴区星级志愿者。

第三阶段：形成志愿者团队。

热衷公益事业的张昊霆的优秀志愿服务事迹，感动了一个又一个朋友，以朋友带朋友的形式，形成了一个稳定的志愿者团队，这个团队目前一共有 10 个人，包括政府机关人员、学生和孤独症儿童的家长，其中两人有社会工作专业背景，一人有心理咨询师证。

第四阶段：成立心星蓝图服务发展中心。

团队有了，迫切需要成立一个组织，便于更好地开展志愿服务，也便于向政府争取资金支持，于是张昊霆带领他的团队，成立了心星蓝图服务发展中心。该中心全方位为孤独症儿童提供志愿服务，不但组织成人志愿者到孤独症康复机构去陪伴孤独症儿童，而且组织普通儿童和孤独症儿童聚会的活动，让普通儿童当上小小志愿者陪伴孤独症儿童；另外，他还向社会大众宣传孤独症常识。

第五阶段：成立星愿孤独症关爱服务中心。

张昊霆发现了他的弟弟和别的很多孤独症儿童大都具有某些兴趣，于是成立星愿孤独症关爱服务中心，给孤独症儿童提供兴趣课的服务，让孤独症儿童拥有一技之长。在不久的将来，这个中心还要给孤独症儿童提供康复训练服务。再往后，还打算给成年孤独症人士提供托管服务。

由于孤独症儿童在沟通交往方面和情绪、行为方面存在多重障碍，孤独症儿童的社会融入尤其困难，心星蓝图服务发展中心为孤独症儿童提供的志愿服务很有特色，有望加快孤独症儿童融入社会的步伐，希望有更多的人加入张昊霆的志愿团队，为孤独症儿童提供更多更优质的服务，让"星星的孩子"不再孤单。

案例十七：遇见你们，在温暖如常的二里庄

农大志愿服务总队

一、案例背景

本项目创始于 2006 年。项目成立前，农大志愿服务总队就有了开展帮助残障人士志愿服务的想法。这时，与农大东校区只有一墙之隔、地理位置十分适合的二里庄服务中心出现在总队眼前，总队便主动联系了二里庄服务中心。恰好二里庄也十分缺人手，在聊过彼此想法后，双方一拍即合，开始了合作。彼时大家都抱着试水的态度，谁也没想到这个合作可以持续十年，并且愈加正式规范。

走过 10 个年头，我们的活动成长为首个海淀区温馨家园志愿服务基地，变成了充满爱与温暖的家园。我们希望这个社区能成为这附近所有残疾人士的家，陪伴他们，没有异样的目光，只是平等的沟通，同样的生活。农大志愿者们结合学科特色，十年如一日地利用工作日周一至周五上午 8:30～11:00 以及节假日、

党团日活动、寒暑假社会实践服务为社区残疾人士教授动植物科普课程，并开展植物栽培、"种艺画"制作等活动，累计帮助近四万人次，为二里庄残疾人士步入社会进行正常的工作与生活贡献一份农大志愿者的力量。

二、活动组织与实施

农大志愿服务总队帮助二里庄服务中心服务残疾人，经过一段运行，在人员录用、活动编排、服务内容上，形成了比较完善的运行模式。

（一）服务要求

① 要求志愿者积极向上，有责任心，能够开展一些教学任务。

② 前一周在通知公告群里发出报名通知，开启下一周报名。（每天最多六个人）发送个人信息（姓名、专业班级、性别、志愿者编号、联系方式、时间，以及具体时间段）至邮箱 erlizhuang2017@163.com。

③ 志愿者若报名通过，即加入当日的群，开始准备。

④ 需要各位志愿者分工，写教案，找资料，做 PPT，对当日课程充分了解。

⑤ 当日一起集合到固定地点，步行前往，给大朋友上课。

⑥ 上完课后，对一同前往的志愿者和活动进行评价和反馈。

（二）服务对象

帮扶的对象是二里庄服务中心的残疾朋友，别看只有 7 名残疾人，他们都各有特点，每个人都有自身的特点。基本情况如下：

洪飞同学：有一点强迫症，是精神方面的，喜欢站着，不愿意别人靠她太近，如果让她发言她会说"我先咳嗽一下"，但是老师们的态度还是想让她尽量说一说，不要她不太想说就直接不管她了，要多鼓励她。

梁木同学：懂得比较多，是几个人里面最积极、发言最切题的，历史方面比较好，喜欢跟人亲密一点儿。

安然同学：有点多动症，不太爱在教室待着，他要是出去，如果老师不管的话也不用非要让他留下，在教室坐着的时候也坐得住，但是不怎么说话，看到你衣服上有东西可能会伸手拿，没有恶意的不用躲开他。

张月同学：话不多，但是也愿意跟你交流，思维什么都挺正常的，喜欢唱歌跳舞，比较温柔，那几个人都挺喜欢他的。

马辉同学：他也挺积极的，没什么大问题，有点爱闹洪飞，洪飞会跟你告状，善意地提醒一两句就好，他们认识很久了应该不会翻脸的吧。

汤建同学：话很少，喜欢瘫在椅子上，可能的话让他坐直一点儿，老师一直说他那样对脊椎不好。

武力同学：她高兴的时候会自言自语，不过说得很含糊，语速很快，我们一般听不懂，也不用太在意，我们讲课的时候她可能也会说自己的，但没有打断我们的意思，需要安静的时候她也能安静下来。

总之,这里没有喧嚣,有的只是他们的活泼开朗的求知提问。这里没有任何忧愁烦恼,有的只是大家在一起的温馨。或许他们有什么不同,或许他们的强迫症让我们哭笑不得,或许他们的腿部残疾让我们惋惜不已,又或许他们的笑容令我们心动,但其实我们没有什么不同,只是他们拒绝长大,保持着永远年轻的思维。

(三)服务内容与特色

从上述介绍不难发现,我们帮扶的对象既有智力障碍,又有身体残疾,既有孤独症,又有多动症,还有一个强迫症状明显。考虑到这7名残疾人的具体情况,我们主要进行了包括简单劳动、特奥运动、安全教育、教育训练、康复训练在内的五大类活动,具体活动内容见下表:

内容一:简单劳动	内容二:特奥运动	内容三:安全教育	内容四:教育训练	内容五:康复训练	其他
教师整理	乒乓球	防火	童谣	健康知识	自修
剪纸	户外活动	防盗	合唱	健康操	看电视
黏土			书法		外出活动
彩陶			英语		生日会
折纸			数学		
烹饪			地理		
			美术		
			手工		

（四）服务方式

1. 活动课

我们的志愿者以舞蹈为主题展开了一堂妙趣横生的课。我们用身体模仿小草的发芽，感受大自然的呼吸与悦动；我们用肩膀书写汉字，用肢体带给大家快乐与幸福。让我们也一起回到了那些简单快乐的日子里，仿佛各种纷扰繁复都与我们毫无关系，我们只是一群亲密朋友，相互围坐着嬉笑。

2. 手工课（彩泥刮画制作）

为了锻炼二里庄大朋友们的动手能力，我们的志愿者带他们走进了彩泥，以及刮画的世界。他们在那小小的刮画纸上，勾勒了一个个单纯而美好的世界。在这一刻，他们每一个人都是大师。那是他们想象力的结晶，或许不是很精致，但是很美，和他们的心灵一样美。

3. 包饺子或者讲解各地美食活动

在除夕即将来临之际，二里庄项目和服务中心的负责人筹划一场包饺子活动，在日渐萧瑟的冬风里给予学员们真挚的温情。

除此之外，我们还结合美术课，比如刮画、太空泥、绘本等，培养对美的欣赏。天气好的时候，我们会一起出去感受一下自然，比如春季踏青活动。天气不好的时候，我们就在室内活动，给大家讲解生活小知识，比如急救、预防雾霾等生活小知识。我们最具特色的活动是看书法展，进行书法训练，提升提高审美意识，培养良好性情。

4. 特色活动

在以上几个方面，我们都做了有益的尝试。其中书法训练成为我们的特色。经过查阅资料，我们发现书法训练对残障人士的心理康复有显著的治疗功能。不仅能令其注意力（注意的稳定性、选择性和灵活性）有明显的提高，而且可以增强他们的恒心与毅力，增强他们的自信心和社会交往能力。于是，我们通过组织他们观看有关录像、参观书法展，引导他们欣赏拙朴浑厚的隶书、遒丽趣味的篆书、精致的欧体、秀媚的赵体、刚劲的柳体，使他们在轻松愉悦的条件下开阔视野，陶冶情操，怡情养性。当他们对书法有了兴趣之后，我们还专门聘请了具有爱心的书法老师来对他们进行讲授和训练。经过几次练习，我们和书法老师一起制订了详细的训练计划。第一阶段，主要是引导孩子入门，了解书法的大概，想办法使其对书法产生兴趣。利用他们第一次接触毛笔时的好奇心，趁热打铁将文房四宝的名称和功用介绍一遍。第二阶段，学习书法已有一段时间，经过对握笔、用墨和楷书横画的训练后，好几个人在练习过程中出现了懈怠情绪。比如：在写横画的过程中，运笔不到位，匆匆了事，写的"横"完全没有笔法可言。此阶段他们已经略微进入状态，并且出现了常有的懈怠期，这个时候我们及时地调整自己的方案，示范用毛笔画画，重新燃起他们的兴趣。武力，这个孤独症孩子，会在老师练习书法时，主动靠近并在一旁默默地观看着，等老师写完时露出天真的笑容，表达她的想法："老师写得真好。"安然这个多动症孩子，也能坐在椅子上，集中地写字。到了这个阶段后期，许多残障人士已经能时常对教他们书法的老师微笑了，这对于他们来说是相当大的进步，说明他们已经不再完全封闭自己的内心，而是试着与外界进行沟通。最后阶段的时候，几个残障人士可以在我们的带领下参观书法展。一幅幅装裱过的书法作品无疑对他们有着巨大的视觉冲击力，他们除了好奇，表现出来的则是崇拜和钦佩，回来时告诉老师我们希望能当一名书法家。与此同时，他们的亲人也看到了他们可喜的变化，对他们的态度大有改观，这更让他们的内心逐渐阳光起来。

目前，武力的情况让人十分惊喜。她已经能主动用简单的话语与其他人进行沟通，并能简单地表达自己的想法，对自己的注意力也能较好地掌握，而他人的肯定更增强了她的自信。

在书法训练的后期，二里庄迎来了别开生面的书法成果展，感谢志愿者小老师们，让这些残障人士爱上书法，爱上这种文化！感谢二里庄的大朋友们，让我们得以通过宁静的书写，获得一个走进他们内心世界的契机。

三、志愿者感言

1. 志愿者郭鑫一

大朋友们都很热情，比我想象中更友善，更爱互动。听老师说，有一位平时从来不跟我们互动的大朋友这次也参与了进来，我感到非常开心。我觉得对他们而言，并不需要我们带去多么深奥的知识，而是让他们渐渐懂得生活，过得开心愉快。他们有些人甚至比我知道得更多。如果下次再有机会，我希望可以再准备一些对他们更有利的活动。

2. 志愿者杨薪译

他们很可爱，他们会注意到很多我们注意不到的存在潜在危险的小事情。他们心地善良，时刻关心着我们。他们总是开心地笑，对这个世界充满爱意，与人为善。他们仍在努力学习，努力生活。与他们在一起的时光总觉得很短暂，他们的爱让我感觉很温暖。谢谢有你们。

3. 志愿者王文萱

周五的志愿活动是一次充满欢乐又很有意义的活动。在去之前，我们当中的很多人都在担心能不能和大朋友和谐相处，或者大朋友们能不能接受我。但是当我们真正见到他们的时候，我才发现他们是一群这么可爱的人，我们的思量和顾虑完全是多余的。虽然他们和常人不太一样，但我却感觉和他们相处，比和常人相处更加放松，更多欢乐。可能是因为这些大朋友是如此简单纯朴，天真可爱。他们用他们最大的热情去欢迎我们、去接纳我们。这短短的几个小时让我感受到了他们的赤子之心。

4. 志愿者吴冰卉

今天陪伴大朋友们捏太空泥，显然大朋友们对这个软软的五颜六色的东西很感兴趣，也加入了我们的活动中。他们今天特别喜欢这个活动，并且捏了蛮好看的小作品，我看到他们快乐我也感觉到很幸福，希望可以陪着他们走下去，一起快乐上课。大概作为一个志愿者的幸福和满足感就是我现在的心情吧。

5. 志愿者张亚慧

第一次参加二里庄志愿活动,感触良多。在做教案的时候我听到之前参加过的室友说他们喜欢唱红歌,其中一个人特别喜欢毛泽东,经常说赞颂毛主席的话。听到这些时我心里很感动,虽然他们的身体可能不及常人,但他们的心灵与每一位中国人一样,对于国家的忠诚与热爱甚至超过了一些人。

在志愿过程中我能感受到他们的对我们的友好,他们热情迎接我们,认真听课,十分开心地和我们一起唱歌,还希望我们下次再来。看到他们发自内心的笑容,我也觉得很满足,觉得这一个小时很有意义。

6. 志愿者于老师

做好一件事容易,但能持久的去做一件事不容易,希望我们的志愿服务越办越好,长久地坚持下去,你们很棒!

今天老师们以秋菊为主题讲了重阳节,过程中老师带领大朋友们画菊,课堂气氛极其活跃。最使我们感动的是,现在大学生们每次授课都做了充分的准备,做课件,做 PPT,我们非常的感谢志愿者们!

与此同时,据二里庄服务中心的负责人反映,学员们的动手能力也得到了提高。有些学员从刚开始不会做,到在帮助下完成,最后到可以独立完成,这些进步是志愿者们长时间努力结出的成果。二里庄是一个给予智力残障人士人文关怀的社会项目,它像是一棵大树,而志愿者是每日辛勤浇灌的园丁,正是他们的无私贡献,才使这棵大树长成如今的郁郁葱葱,长出一片广阔的阴凉来庇护更多需要帮助的人。

四、反思

十几年风雨，二里庄项目从最开始的一个小项目，逐渐发展成为一个与二里庄社区长期合作的长期项目，更是获得许多奖项：2006年至2015年连续获得"年度海淀区助残先进集体"称号，2011年至2015年连续获得"海淀区优秀志愿服务项目"称号，2014年获得"首都学雷锋志愿服务岗"称号。2016年，二里庄温馨家园项目也成功入围海淀区项目大赛和小微项目，并获得了中国青年志愿服务项目大赛银奖。

1. 如何提高志愿服务质量

参与该项目的志愿者需要经过比较严格的选拔。曾经发生过志愿者工作敷衍、不上心的情况，这对于我们农大志愿者的口碑和形象是较大的损害，因此之后我们都采取了更严谨的筛选方式。志愿者在将报名表发送至二里庄公邮后，通过筛选的人都要编写一个详细的教案："要能体现用心，要有真正的内容，不能太空洞，形式要多元，不能枯燥乏味，真正起到康复陪伴的作用。"通过这一关的报名者才能真正参与到志愿活动中去。

报名成功后填写志愿登记表发至邮箱，建一个当日周内群，设立小组长，进行组内分工。对下周志愿活动确定主题，每组写一份教案发至邮箱（在做志愿前两天请务必发送审核），教案通过后才可以进行。

为了更好地提升服务质量，在每期志愿活动后，项目的负责人都要收集学员和志愿者两方面的反馈，及时了解最新的状况和发生的问题。除此之外，管理人员还会不定期去现场抽查志愿者工作情况。以上种种方式都使项目得到长足的发展。

2. 如何才能让培训内容变得有趣？如何才能让尽可能多的学员参与进来

残障人士由于生理或心理问题，往往很难融入正常的社会生活中，有些人甚至生活难以自理。二里庄志愿项目旨在通过与残障人士多种多样的交流学习方式来促进学员们的康复，提升他们的自信和与外界接触的能力。平日的志愿内容也围绕于此，通常是培训学员们的生活技能、手工技能、文学素养等，培训的形式更是丰富多彩，书法课、讲文学故事、邀请残障人士一起表演短剧……通过互动的形式调动起学员们的兴趣与注意力，尽可能地让每个人都参与进来，也可以帮助学员们适应与不同人交往合作。每逢有意义的节日或节气时，比如中秋节或是春分日，还会组织一些包月饼、参观植物园之类的有趣活动。

3. 如何才能与学员们拉近距离

比起专业的特教老师，志愿者最重要的任务是陪伴。很多时候学员们需要的只是有人和自己聊天，一旦有人愿意靠近他们，主动去了解他们、关心他们，他们会非常乐于分享自己的想法，积极回应。长此以往，志愿者们真诚的态度换来了学员们的信任，彼此间建立了深厚的情谊。

4. 如何适应他们的喜好

在讲故事时，志愿者发现一个学员不停地挪椅子，这个学员有一点儿强迫症，必须要不断地把椅子和地板的线对齐，这时如果直接去制止他，可能会引起学员情绪的波动，对课程的进行有所影响，因而要想办法转移他的注意力，避免影响其他人。

这些大朋友或多或少都会有一些自己的习惯或是癖好，志愿者们要做的就是去理解，去包容，用平等温和的态度和他们进行交流和引导。他们也许很多人都曾因为自己的特殊而经历过一些不愉快的事情。但是这些大朋友都很纯真善良，在进行一些活动时他们都会积极响应。

每年的志愿者来来去去，但我们的初心不变。这里有着与你志同道合的朋友，他们和你一样美丽善良，愿意为这里的大孩子们奉献出自己的爱心，给予他们温暖的陪伴，和他们成为忘年的朋友。这里有着一群可爱的大孩子们，他们比我们大很多，却有着最天真烂漫的笑容。他们如此不同，却是美好而独特的。他们与我们不同，却能让我们感受到最纯真的模样。为了让我们的二里庄服务中心越办越好，我们认为还应该继续运营并完善常规活动（志愿者招募、培训、经验交流、日常活动、团日活动、时长统计和学期总结）；加大宣传力度，扩大影响力，以招募更多的志愿者提供切合实际的志愿帮助，增加受益人群数量（分为前期宣传、后期宣传）；调整项目人员配置（增加干事数量，设置专人负责项目宣传、培训、反馈信息等）；多组织学员参加一些有益的活动（如演讲比赛、定期春秋游）；加强表彰制度来激励更多的志愿者。

外面寒风萧瑟，而二里庄一直是那个让你倍感温暖的地方。愿大朋友们眼里永远光芒万丈。心若简单，世间纷扰皆成空。

五、案例评析

二里庄温馨家园项目从一个试水的助残活动成长为一个长期的志愿服务项目，历经十几年的风雨，这其中凝聚了大学生志愿者们太多的心血！他们虽然并不专业，但他们有一颗炽热的爱心。就是凭着这颗爱心，他们十几年如一日，不畏寒暑，风雨无阻，坚定地走在助残志愿服务的大路上。他们通过自己的实践与思考，探索出了一套行之有效的项目管理和运营模式，收到了良好的效果。他们得到了残疾人士的信赖与依恋，受到了社区工作者的好评，也享受到政府和社会组织的认可与奖励。

不同的残疾人因身心损伤程度不同，他们所需要的服务与照顾也是有差异的。从文中的情况来看，二里庄项目所服务的对象主要是一群轻度和重度的智力和精神残疾人士，这是一个在残疾人群体中相对更弱势，需要更多关注、陪伴与照顾的群体。

人们通常认为智力残疾人是一群智力低下，什么都不懂，什么都不会做的人，跟他们交流就是对牛弹琴，而事实并非如此。一些智力残疾人的某些能力甚至远远超出我们的想象，更有一些智力残疾人的某种能力可能是我们正常人望尘莫及的。他们可能会完成我们正常人都难以胜任的工作。人本主义心理学指出，每个个体都具有自我实现的倾向，每个个体都具有潜能，他们能通过自我引导而成长，具有解决问题的潜力。如果我们给予积极关注，那么个体就会拥有发展的可能。残疾人即使是重度的残疾人，他们也是有记忆，有感情，懂得喜怒哀乐的。他们身上还有好多的好的品质值得我们正常人学习。比如对工作认真负责，对喜欢的事情非常执着，与人交往非常真诚。如果能发现每个智力残疾人身上的闪光点，合理的开发和利用他们身上的长处，使他们不再被动地作为社会和家庭照顾的对象，而和我们一道成为美好生活的创造者，同时像我们正常人一样，共同享受社会成果，享受生活，成为社会大家庭中一员，这就需要我们社会工作者和志愿者们真正塌下心来，走进残疾人的生活，走进他们的心灵，设身处地地理解他们，真正了解他们的内心感受和需求，了解他们的短处与长处，因人施教，因人施助。

在这里，我们的大学生志愿者没有偏见，没有歧视，以尊重和理解为前提，满怀热情地走进这些智力残疾人的生活，用自己的青春去守护和陪伴这些大朋友。他们认真观察，用心思考，共情交流，积极行动。他们根据这些智障人士的实际需求，开展了切合实际的丰富多彩的教学和实践活动。他们与这些大朋友一起学习，一起嬉笑也一起成长。他们对这些残疾人士早日融入社会做出了贡献。

随着医疗水平的提高和早期筛查机制的发展，智力障碍群体人数正逐渐减少，但智障人士服务不能随之式微，而应向着个性化、专业化的方向发展。这样的项目不止帮助了残疾朋友，服务了社会，同时对我们大学生志愿者也是一种历练和升华。在项目的组织管理和运营中，锻炼了我们大学生的管理和组织能力。在活动的过程中，志愿服务培养了参与者的爱心和动手社交能力，同时也让他们对人生有了更进一步更深刻的思考，这对他们日后走上社会无疑都是非常有益的。正所谓："授人玫瑰，手有余香。"希望二里庄这样的项目越办越好，希望更多的大学生志愿者走进这样的项目中来。

案例十八：筑造温馨家园，拓建助残平台

张家口市宣化区志愿服务联合会

2017年年底，张家口市宣化区（以下简称宣化区）顺城街社区残疾人温馨小屋的刘慧萍掩饰不住内心的喜悦："12月份又多了五百多元的收入，再加上低保金，又可以补贴家里面了。更开心的是，上次的义卖活动也卖出了不少作品，终于能开开心心过个年了。"像刘慧萍这样生活质量明显改善，重新投入社会怀抱的残疾人还有很多，这都得益于宣化区志愿服务联合会启动实施的残疾人温馨家园项目，在各社区开展的残疾人就业培训服务活动。

一、案例背景

宣化区志愿服务联合会成立于2016年9月，是一家区域性、联合性、非营利性的社会组织，联合会坚持弘扬"奉献、友爱、互助、进步"的志愿精神，普及志愿理念，培育志愿文化，组织开展志愿服务活动。自成立两年来，宣化区志愿服务联合会围绕

"扶助残疾人融入社会，提供多渠道辅助就业"为目标，以"安置一人，解放一家，温暖一片"为重要内容，启动实施"残疾人温馨家园"（简称"温馨家园"）帮扶项目。该项目由高鹏同志牵头负责，主要包括"残疾人庇护工场"（简称"庇护工场"）和"残疾人温馨小屋"（简称"温馨小区"）两部分内容。

"温馨家园"作为残疾人温暖的港湾，其建立过程充满了艰辛，是高鹏项目组每位工作人员辛勤汗水的结晶。从 2016 年年底开始，高鹏带领他的团队开始筹划这一重要项目，项目组四处奔波，在区志愿服务联合会的协调下，积极联络区政府、街道、社区各级部门，经过反复沟通，取得了社区用房的使用权。为了"温馨家园"能顺利开业，项目组先后聘请专职手工艺培训老师 2 名，吸纳有就业意向的残疾人 26 人，与此同时，联系社会各界热心人士，帮助打造家园内部硬件配套设施。在"温馨小屋"建设方面，高鹏项目组马不停蹄地联系供货商为"温馨小屋"上货；但由于资金短缺，甚至部分货款都是由高鹏个人先行垫付。功夫不负有心人。经过三个多月的持续工作，高鹏项目组终于在 2017 年 9 月在宣化区顺城街社区建立首家"温馨家园"。

二、活动组织与实施

（一）活动内容

"温馨家园"帮扶项目主要包括"庇护工场"和"温馨小屋"两部分内容。

"庇护工场"是集日间照料、职业康复、技能培训、体育健身等功能于一身的综合性服务活动平台，残疾人可参与手工绢花组装、手工串珠、布艺作品等工艺品的制作。通过这种形式，让更多智力、精神和重度肢体残疾人走出家庭，参与社会生活，实现人生价值，提升居民幸福感。目前"庇护工场"共有健全员工4人、特聘专业老师2名。

作为其延伸的"温馨小屋"是残疾人辅助性就业平台，以小超市、便民食堂、快递收取、水电话费代缴等便民服务为主要内容，实现残疾人就近就便再就业。通过"庇护工场""温馨小屋"之间的功能配合，实现了有就业需求的残疾人群体有固定职业，有创收技能，有稳定收入，有社会价值，其社会影响力持续提升，受到广大居民群众的一致好评。截至2017年年底，高鹏项目组已在宣化区设立"庇护工场"2家、"温馨小屋"7处，全区残疾人帮扶事业已初见规模。

（二）运营模式

高鹏项目组经过两年的不断摸索，合理规划出了"温馨家园"具有自身特色的运行模式：

① 组织构成及其职责分工。高鹏项目组由固定成员和志愿者构成，其中固定成员5名，负责项目计划、联系、实施、推进等多方面工作；志愿者二百余人，涉及学校学生、爱心企业和机关单位等群体，负责不定期开展残疾人慰问、组织义卖、发放物资等志愿活动。

② 项目用房及硬件设施。项目用房由社区提供，内部由项目组合理设置饮水设备、生活厨房、多功能卫生间、午间休息室、手工艺制作台、残疾人康复器具等设施。

③ 项目参与方式。志愿项目由社区工作者申请认领，志愿服务联合会招募志愿者全程协助，并鼓励残疾人和社区居民积极参与。

④ 合理配齐老师。"温馨家园"以 10 位残疾人配备一名老师的原则向社会各界召集热心公益事业的志愿者为培训老师，并根据手工艺品制作种类配备不同专业的老师。老师及工作人员应具备一定医疗知识，能够应对各类精神类残疾人突发状况。老师生活补贴和家园内部各项资金支出由宣化区残疾人联合会支持。

⑤ 残疾人学员身体条件。残疾人自愿并具有就业意向；精神类残疾程度较低，能够控制自己行为举止；肢体类和其他能够进行手工艺品制作的操作过程。

⑥ 培训时间安排。培训从早 9 点至下午 4 点，残疾人中午不必回家，以减少来回奔波次数，晚到早回减少路程紧张程度。

⑦ 康复训练内容。以工疗为主要方式，共分两部分：一是简单器械进行肢体康复；二是通过组织精神、智力等残疾人员参加适当生产劳动，即手工艺品制作或"温馨小屋"管理及送货等形式，加强肢体等残疾弱项的锻炼和精神状态。

三、社会影响

(一)"庇护工场"

庇护性就业,是指对特定的残疾人(主要包括中重度智力、精神和重度肢体等残疾程度较重,适应能力较弱,难以通过一般途径实现常规就业的残疾人)安排简单的劳动并提供康复治疗、生活能力训练、就业技能训练等服务,帮助其获得一定的职业技能并逐步实现回归社会就业。现阶段开展的残疾人庇护性就业,多是采用准备式职业训练模式的服务形式,提供保护性、临时性、过渡性的就业安置,其最终目的是促进残疾人士融入社会的就业竞争。"庇护工场"一方面能够提供较安全的就业环境,为残疾人提供自立自强机会;另一方面残疾人在较为简单的工作环境中,人际关系相对融洽有利于达到康复目标。近年来,"庇护工场"在我国存在良好的发展空间,一些地区也加大"庇护工场"的建设力度,数量呈现逐步递增的趋势,为改善残疾人民生、促进残疾人就业提供了良好基础。

学员主要来自社区内中度智力残障人、精神康复者、肢体残障人士等。目前,在场培训学员共10名,男性6人,女性4人;年龄最小为20岁,最长为59岁。根据残疾人的能力,"庇护工场"设有创意组、加工组、保洁组三个生产工作组,残疾人主要的工作内容是产品类型大致可分为3类:手工艺品(如串珠、插花)、布艺品(如中国结等)、手绘品(如图片)。除了手绘品、手工产品加工,还有一些能力相对较好的学员可以参与辅助性就业,如饭堂服务员、保洁员等。工场组织结构设有工场主任1名、导师2名和健全员工4人。学员的产品除了供给"温馨小屋",还有部分进行义卖。因此,收入的主要来源是他们所做的手工产品、辅助性就业工资和残联的就业补贴。

(二)"温馨小屋"

在科学的运行机制下,现在的"温馨家园",已经不单是给残疾人提供温暖的"收容所",更是给残疾人梦想插上翅膀的"孵化器"。功能上不但为残疾人提供技能培训,还始终将残疾人的生活困难放在心上。

当我们步入顺城街社区"温馨小屋"中,首先映入眼帘的是一排排整齐的货架,上面的货物琳琅满目,屋子干净整洁,墙上"自尊、自信、自强、自立"的标语十分醒目。这里紧挨着顺城街社区综合服务大厅,是小区内人流最大的地段,而在一年前,这里还只是一处社区办公室。高鹏项目组经过不断努力在此建立"温馨小屋"后,通知刘慧萍来维持日常经营,让刘慧萍这位肢体二级残疾人再次拥有一份固定的职业。这里不仅仅是一个小超市,还可提供话费充值、快递代发代收、代加热食物等服务,完全可以按照残疾人自己的想法来经营。几个月下来,每人每月都能够增加几百元至一千多元不等的收入。社区也与高鹏项目组积极合作,努力宣传,鼓励社区居民到"温馨小屋"接受服务,现在小屋的经营状况越来越好了。

四、反思

　　刘娜是西城社区辖区内一名普通残疾人，脑瘫二级，行动不便，吐字也含混不清。由于自卑，她只能躲在家中。在来到"温馨家园"之前，一家三口只能依靠低保金勉强生活，非常困难。长期封闭的环境使她基本丧失了与陌生人交流的能力，几乎自闭，有时因为情绪失控不断和家人争吵。社区虽然在政策方面对她多有照顾，但也不能完全解决问题。来到"温馨家园"之后，受到项目组的持续关怀和精准干预，刘娜面对陌生人的抗拒情绪逐渐消失，含混的话语也逐渐能够清晰表达。更重要的是，整个人的精气神都焕然一新，她现在会主动表达感谢，主动给志愿者拥抱和微笑。在"温馨家园"里，她是参加活动最积极的一个，同时也是每天生活工作最乐观的一个。"我又能活下去了！"最简单朴实的话，代表着最深的感谢之情。对于刘娜来说，"温馨家园"给了她新的生命。还有残疾人杨智勇、曹乃丹、文晓强……他们每个人都得到了积极有效的阶段性康复，现在无论从发病次数还是精神状况上都有明显好转。他们每个人对高鹏团队，以及"温馨家园"都有难以割舍的感情。

　　截至 2018 年 4 月，"温馨家园"项目已累计为五十多名肢体、语言、听力、视力、精神、脑瘫等有康复需求的残疾人，实施了工疗康复性训练。今后，"温馨家园"将争取社会各界更多的支持与认可，为残疾人提供更多的正能量，让"温馨家园"成为身心残障人士自食其力、实现人生价值的良好平台。

"温馨家园"作为宣化区残疾人事业发展的先锋,在帮助残疾人实现"有固定职业、有创收技能、有稳定收入、有社会价值"的过程中,立足自身优势资源,在宣化区志愿服务联合会的领导和支持下,将继续按照"社区+社工+志愿者+残疾人"的发展模式,加快发展社区内助残服务品牌——"温馨小屋",带动实现以社区社工为基干、志愿者全面参与、社区居民共同支持的新举措。"温馨家园"也将逐步成为宣化区内大中小学校外公益实践基地,在周末和假期为学生提供学习科学扶残助残意识的课程和活动,并将宣化科技职业技术学院作为首个联动院校,有效提高大学生志愿者的助残意识,为冬季残奥会提前培养助残人才和社会力量。

"发展残疾人事业,加强残疾康复服务。"在党的十九大报告中,习总书记向全党发出的号召振聋发聩。高鹏在学习报告后,对自己从事的这项民生事业信心倍增,他这样描述道:"十九大报告为助残工作进一步指明方向,保证残疾人在共建共享中增加获得感,今后我们要努力多谋民生之利,多解民生之忧,在发展中补齐民生短板,促进社会公平。"

五、案例评析

对于我国而言,智障人士的就业已经成为不容忽视的社会问题。目前,如何推行智障人士就业服务仍然处于探索阶段,就业形态也是多种多样的,其中最具代表性,也是实施最广泛的就是庇护性就业和支持性就业两种。选择适宜的就业方式对于智障人士就业服务的顺利推行有着至关重要的意义。宣化区志愿服务联合会在这方面做了有益的探索。

我们的社会中有许多的残疾人需要帮助，但在残疾人的群体中，有相当一部分人是有自理或半自理能力的。他们渴望像正常人一样回归并融入社会，渴望成为家庭社会中有用的一分子，而不是成为被人看管和照顾的对象。由于长时间与社会的分离，很多残疾人士不仅要忍受残疾的折磨，还要承受巨大的精神压力。只要社会能给他们提供走出去的机会，教给他们相应的技能，他们是很乐意为社会做贡献的。与此同时，我们的社会中也有很多爱心人士很希望能帮助到别人，特别是残疾人。但由于条件所限，他们无法加入支援服务的队伍中来。这是因为当今社会生活节奏快，工作压力大，时间对每个人来说都非常宝贵。而志愿服务可能是比较固定的持续服务，需要占用大量时间，容易使本职工作与服务之间产生冲突，这往往又把一大批年轻人拒之门外。另一方面，志愿服务往往又需要较强的体能，有时连续的服务，不仅要志愿者忍受疲劳，还要克服饥饿寒暑甚至摄体不适等，这又会把一部分年长者拒之门外。此外，助残志愿服务还需要有一些相应的专业知识和技能，需要有较好的心理素质和处理突发事件的能力，这又把一大批人士拒之门外。这就使很多爱心人士难以走进扶危济困的志愿服务队伍中来。

宣化志愿服务联合会的这个"温馨家园"项目就很好地解决了这个矛盾。项目集照料、职业、康复、技能培训和就业帮扶于一体。为残疾人重返社会提供了一条龙全方位的服务。它营造了一个全社会帮残、助残的温馨环境，让全社会的爱心人士都能参与进来。他们把项目建在社区里，把"温馨小屋"开在居民身边，让每个人都能看得见、感受得到它的存在，同时也能参与得进来。使有条件的爱心人士可以成为志愿者，没有条件的爱心人士可以把每一次消费变成爱的奉献。同时它也使有条件重返社区的残疾人在这里找到了生命的价值，重新燃起了希望的火种，使他们的身心得到了解放。没有条件的残疾人在这里也得到了很好的照顾、陪伴和关爱，使他们同样感受到了社会大家庭的温暖。

著名心理学家马斯洛在《人类激励理论》一文中提出了需求层次理论。这一理论建立在人本主义心理学的基础之上，并且被广泛应用于人文学科尤其是管理学的研究中。马斯洛将社会人价值体系中的需求分为5个层次，这5个层次由低到高分别为：①生理的需求，包括吃喝、穿衣、住宿和性的需求。②安全的需求，即在物质和精神方面防止危险和威胁发生、降低风险的需求。③人际交往的需求，即参与社会交往、实现社会化、对所在家庭或工作单位产生认同感的需求。④尊重的需求，包括实现自我的尊重和他人的尊重的需求。⑤自我实现的需求，即通过工作就业、参与社会活动等方式，使得自身的天赋和潜力得以挖掘并展示出来，从而实现自身社会价值，并且个人能力得以充分发挥和利用。5种需求层次紧密相连，同时也具有很强的连续性。一种需求层次的满足才会产生更高一层次的需求，更高层次需要得到满足的同时，又会产生新的需求。智障人士作为社会人，其需求虽然在某些情况下同正常人相比有一定的区别，但同样有着这 5 个层次的需要。实行庇护性就业服务也是基于这一理论的观点，最终目的是为了满足中轻度的智障人士最高层次的需要，即自我实现的需要。而为了满足智障人士的 5 个层次的需求，就业是根本途径。宣化区服务会设立庇护性就业，为残疾人提供饮食、住宿和必要的安全保障，同时为他们教授简单易懂的安全知识，使智障人士对机构产生较强的归属感。并且，社区化服务模式为智障人士提供了开放的生活环境，让他们有更多机会接触社会，使得智障人士的人际交往需求得以满足。此外，通过在职前训练已经获得基本的劳动技能的基础上，通过模拟劳动环境，进一步引导智障人士进入工作和劳动的状态。通过与社会企业进行合作，推动实现社会对智障人员的尊重。让智障人士取得薪资报酬，从而促进智障人士形成对自身能力的认可和肯定，最终实现自身的社会价值。

宣化联合服务会这个项目做得精准、务实、有效。在这里没有豪言壮语，有的只是务实的工作，全身心的奉献。虽然这个项目实施的时间并不长，但成果是很显著的，而且发展也很快。这个项目对探索残疾人帮扶的长效机制做了有益的尝试。祝愿这样务实有效的助残项目在神州大地上遍地开花，让残疾人不再是家庭和社会的负担，而是成为家庭和社会的宝贵财富。

案例十九：张垣之心十年"阳光助残"路

张家口张垣之心公益促进会　高淑芳　李　军

张家口张垣之心公益促进会（简称张垣之心）是张家口地区最早组织公益活动、最早发起成立、最早登记注册的一家民间公益组织。张垣之心的志愿者们从点滴做起，从身边的小事做起；用实际行动，用10年的坚守和艰苦卓绝的努力创造了民间公益的奇迹，将自身打造成了在全国具有影响力的知名公益文化品牌，成为张家口，乃至河北省一张靓丽的名片。

一、促进会简介

张垣之心公益促进会最早可以追溯到1993年，甚至更早。那时，张垣之心早期的骨干志愿者分散在张垣大地各行各业，彼此并不认识，他们只是一个个平凡的好心人，行善也仅是个人行为。网络的兴起为这些有共同理想、相同信念、同样爱好的年轻人相聚提供了可能。

2008年5月12日，汶川发生了特大地震，远在千里之外的张家口的这些年轻人自发行动起来，通过网络组织大型的祈福活动，组织市民为灾区募捐，通过这些活动，得以相聚。在此基础上，张垣之心公益促进会开始起步，2010年1月21日正式注册，走上正轨。

二、活动组织与实施

张垣之心最早在确定帮扶对象时，首先想到的便是残疾人群体。2008年9月15日，首站助残活动在张家口市特教学校举行，经过前期认真的准备，志愿者募集到了大量的文具、盲文纸和生活用品，捐给了特教学校的孩子们，这站活动正式开启了张垣之心的助残之路。

（一）给残疾老人当儿女，为老人养老送终

2008年年底，张垣之心QQ群里传出一则信息：家住张家口市桥西区的残疾老人王英昌，年近七旬，患有严重的佝偻病，无儿无女。老人已经多年没有出过家门，最大的愿望就是出去走走，看看外面的世界。经与社区联系，消息很快被证实，随后便由张垣之心前理事长黄宁牵头，十多名志愿者积极参与，开始照料老人。

2009年1月19日，黄宁与志愿者决定帮助王英昌老人圆梦。

带着借来的轮椅、买来的棉被，大家兴冲冲地来到王英昌老人家里。暗黑的小屋里，佝偻着身子的王英昌，蜷缩在床上。摸着崭新的被子，看着满桌的粮油和食品，很久未见这么多人的王英昌老人一时哽咽了。

当时，看着老人，黄宁的声音在抖，在场的志愿者心也在抖。尽己所能，帮助老人安度晚年，大家下定了决心。黄宁说："老人现在最希望的，是有人陪他说说话。有时间，大家要多过来坐坐。"他的话得到了在场所有人的赞同和支持。于是，十多名志愿者开始利用休息时间轮流为老人干家务、洗衣服、包饺子、送饭，陪老人聊天，聊在党的领导下家门外边的新变化。

黄宁带着志愿者和家人，连续两个春节，来到王英昌老人家里，陪老人一起包饺子过年。看着这些热心的年轻人，体会着特殊的春节，王英昌的眼泪"吧嗒吧嗒"地掉在送到嘴边的饺子上，老人流下的是幸福的泪，志愿者也乐在心里。

"孩子们，新房的钥匙你们拿上。我行动不便，开门慢，省得你们每次在门外等半天。"2010年11月，在张垣之心的协助下，王英昌老人告别了居住近50年的破旧小屋，搬进了崭新敞亮的廉租房。欣喜之余，老人首先想到的是张垣之心的志愿者。"没关系，大爷，我们就在门外等着您！"黄宁说。当四目相对，充满了信任与亲情。

2010年元宵节，张垣之心又为王英昌老人买了一台彩电。老人眼含热泪高兴地说："终于可以通过电视看外面的世界了。"

2011年3月31日，在志愿者的陪伴下，王英昌老人安详地离开了人世。三年多的时间，八百多个日日夜夜，张垣之心的志愿者们不间断地照顾王英昌老人，承担起了儿女的责任，直到老人生命的最后一刻！三天后，志愿者自发来到殡仪馆，大家一起送老人最后一程。

（二）长期关怀照料残障儿童

在宣化区曲家庄村的一个普通农家小院里，有一位姓任的大姐，她收养了12名残障儿童。之前任大姐和丈夫一起收养了两个弃婴，他们生活很艰难，但夫妻俩省吃俭用，一直悉心照料着两个孩子。后来，任大姐的丈夫意外去世，这个小院便以其丈夫的名字命名为"道光之家"，任大姐一人继续拉扯这两个孩子。

随着时间的推移，到2010年，这里的残障孩子增加到12名，任大姐越来越力不从心。2011年2月，张垣之心得知这一消息后，第一时间安排志愿者张利雅到"道光之家"进行考察，了解那里的情况，并制定出详细的援助方案。2011年3月8日，张垣之心一次募集了4200元现金，按任大姐提供的清单，采购了各种生活用品，组织志愿者来到"道光之家"慰问。从这天开始，我们一起帮助任大姐照顾这些孩子。也是从那天起"道光之家"的孩子们就成了张垣之心重点关爱的对象，志愿者定期捐款捐物，购买食品、日用品和衣物，定期去慰问。志愿者轮流到那里帮助照顾孩子，搞卫生、买煤、修锅炉……一直坚持到现在，并将长期坚持下去。

在市福利院，在张家口市万全区等特教学校，孩子们也同样得到了张垣之心的长期帮助，比如一直坚持到福利院慰问演出，陪特校的孩子们一起过端午节、中秋节等早已常态化。

（三）一场感动全城的特殊婚礼

2016年9月下旬的一天，张垣之心公益促进会秘书长李军接到市特教学校团委书记张全宝打来的电话，说特教学校聋人教师张学宏10月9日要迎娶他的新娘，但他的父亲患病住院，家里目前无力筹办这场婚礼，学校想为这对新人组织一场公益婚礼，看张垣之心能否帮他们一把。因为张垣之心多次走进特教学校奉献爱心，了解那里的情况，长期的帮扶对特校有一种特殊的感情，所以李秘书长爽快地答应了。

张学宏，如果不开口，根本看不出他是一个聋哑人。1996年9月，刚满8岁的他被父亲送到市特殊教育学校。2008年，张学宏以优异的成绩考上了长春大学。毕业后，张学宏又回到母校，成为一名光荣的特教学校教师。

2015年，张学宏有了女朋友，年轻的小伙喜上眉梢。然而他的父亲在此时被查出肺癌晚期。巨额治疗费用让这个家庭不堪忍受。两个懂事的孩子想在国庆节举办婚礼，让老父亲在世前亲眼看到他们成家了，全当了却老父亲的一个心愿。

女方家庭条件也不好，不能给孩子提供婚纱和婚车，更别说仪式了。这一切对于青年男女结婚来说是再普通不过的事情，然而对于张学宏和他的妻子来说，却成为一种奢望。在张垣之心和特校老师们的共同努力下，一场感动全城的婚礼开始准备。车是志愿者自己家的，伴娘和伴郎是由青年志愿者组成的，策划是两家负责人共同商议的。只为给新娘举办一场穿着婚纱的婚礼，为一对新人留下一段终生难忘的幸福记忆。

9月29日晚上，距婚礼举办的日子越来越近，张垣之心与市特校召开紧急协调会，做最后的准备，婚车不够、化妆没定、摄像没定、酒水没有、主持人……最后张垣之心决定没有解决的问题全部由他们来解决。

当这一消息在张垣之心微信群公开后，所有问题在两小时内解决：有愿意送新娘婚纱的，有愿意提供更好的婚车的。张垣之心部分理事自发组织捐款，为婚礼采购酒水。大家只有一个愿望，为这对新人办一场不留遗憾的婚礼。国庆长假期间，在特校和张垣之心的统一调动下，一群热心人共同为这场婚礼忙碌。张垣之心的志愿者为整场婚礼的每一个细节都做出详细的安排，统筹所有保障工作。得知消息后，许多不认识的朋友也主动加入进来。

10月9日，化妆师、车队、摄像师……准时到位，婚礼流程按计划有条不紊地进行。一场感动全城的公益婚礼如期举行，新郎和新娘单位的同事、亲朋好友、张垣之心代表、张家口主要媒体记者近200人齐聚婚宴大厅，共同见证这温馨感人的一刻。

这是一场让人感动的婚礼，感动的不仅仅是婚礼现场，而是整座城市。

三、社会影响

"阳光助残"是张垣之心促进会的一个重要项目,因在助残志愿服务中的出色表现,2014年6月,市残联第一家"志愿助残服务站"在张垣之心挂牌成立,这标志着张垣之心的"阳光助残"志愿服务开始由活动向项目发展。服务站站长由长期从事助残服务的大学教师张利雅理事担任,具体负责"阳光助残"项目的日常工作,张垣之心理事长宋美录从事医务工作,担任项目指导,长期参与"阳光助残"项目的志愿者有八十余人。

服务站成立之后,与市残联、团市委等单位携手组织了多场大型助残活动,利用张垣之心自身志愿服务组织的优势承接了多次助残活动,得到了相关部门和社会的广泛好评。张垣之心公益促进会组织发起的公益活动涵盖三大类:

① 扶贫帮扶类:助残、助学、助老等。

② 环境保护类:保护母亲河——保护清水河源、守护河道一公里。

③ 志愿服务类:大型赛事和大型活动的志愿服务保障、志愿服务培训、献血服务等。

十年中,大型公益活动共组织了426站,提供的爱心物资总价超过320万元;助残、助学、助老资金163.4万元,直接帮助的贫困学生人数超过一万人,长期结对资助的贫困生656名;直接帮助残疾人超过2000人次,参与志愿服务累计2.3万人次,提供志愿服务总时长33万小时。

在长期的助残志愿服务中，我们积累了丰富的经验，学会了如何与残疾人朋友相处。我们深知残障人士最渴望的是平等和尊重，因此，在服务过程中，我们倡导平等、尊重和人性化的公益理念，要求志愿者用微笑、真诚与友爱面对每一位残障人士，与他们交朋友，视他们为亲人，不允许有任何歧视。

长期的志愿服务过程中，涌现出许多感人的故事和优秀的志愿者。张垣之心的"阳光助残"项目多次获得有关部门的表彰，一人获得全国优秀志愿者，一人获得河北省"十大优秀志愿者标兵"称号，8人获河北省优秀志愿者表彰。

如今，张垣之心的"阳光助残"项目在全市助残工作中发挥着非常重要的作用。首先，志愿助残服务站长期负责收集残疾人信息，直接为残疾人朋友开展日常服务，有困难和需要救助的残疾人朋友都会在第一时间得到救助。其次，服务站长期免费提供轮椅、拐杖等残疾人常备辅助器械，申请手续简化，领取方便；再次，爱心超市长期为30余户困难残疾人家庭提供米面油等生活用品。最后，对福利院、"道光之家"、特教学校长期开展帮扶、救助和慰问活动，端午节、中秋节等节日慰问活动定期举行。

四、反思

张垣之心公益促进会的志愿助残服务站里有一群充满热情，又能长期坚守的务实奉献的年轻人。这也是一群非常有能力又充满爱心的年轻人，在他们的不懈努力下，才使得张垣之心的名字得以响彻张垣大地，乃至河北和全国。"假如人人都献出一点爱，世界将变成美好的人间。"这里是一群草根真心的爱的流露，这里是一群好心人发自内心的善念善举。

张垣之心，阳光助残，一个让人听到就会感觉温暖的名字。十年来通过一站站的活动，一次次物品的发放，一场场务实的志愿服务，使无数个家庭感受到了来自社会的关爱，使无数颗受伤的心灵感受到了人间的温暖。"通过志愿者的努力，使有困难需要救助的残疾朋友在第一时间得到救助。"

张垣之心在十年的志愿助残路上，做了大量的工作，但我们也深知，这仅是开始，前路漫长，唯有不懈努力。因此，我们梳理过往，初心不忘，一如既往坚守在公益路上，砥砺前行。

张垣之心并没有大富大贵之人，仅为一群草根公益人，但正是这群草根从小事做起，从身边的小事做起；用实际行动、十多年的坚守和艰苦卓绝的努力创造了民间公益的奇迹，将自身打造成了在全国具有影响力的知名公益文化品牌，成为张家口，乃至河北一张靓丽的名片。

五、案例评析

张垣之心公益促进会是一群年轻人在 2008 年汶川地震的特殊情境下成立起来的，是一群朝气蓬勃、富有爱心的年轻人借助互联网建立起来的爱心网络。在科技高度发展的今天，张垣之心公益促进会的年轻人充分利用科技手段，践行志愿精神，为当地建立了一个互助友爱的"温馨家园"。

网络组织。互联网的融入，使张垣之心公益促进会的助残志愿服务有着参与人员多、年纪轻、覆盖范围广、影响面大的特点。利用互联网这个工具，整合残疾人、志愿者和社会资源，实现残疾人需求和助残服务的有效对接，为残疾人及其家庭提供人性化、个性化便捷服务。同时通过互联网招募到更多的年轻人加入助残志愿服务中来，并通过互联网加强对志愿者的培训与管理，进一步扩大助残服务的宣传力度，使全社会形成帮残助残的良好风气，这是一个带有时代特色的助残志愿服务方式。

图书在版编目（CIP）数据

助残志愿服务典型个案实务指南 / 北京志愿服务发展研究会编写. —北京：中国国际广播出版社，2019.3
ISBN 978-7-5078-4430-6

Ⅰ.① 助… Ⅱ.① 北… Ⅲ.① 残疾人－志愿者－社会服务－中国－指南
Ⅳ.① D669.69-62

中国版本图书馆CIP数据核字（2019）第038290号

助残志愿服务典型个案实务指南

编 写 者	北京志愿服务发展研究会
策划编辑	李　卉
责任编辑	林钰鑫
版式设计	国广设计室
责任校对	张　娜

出版发行	中国国际广播出版社 ［010-83139469　010-83139489（传真）］
社　　址	北京市西城区天宁寺前街2号北院A座一层 邮编：100055
网　　址	www.chirp.com.cn
经　　销	新华书店
印　　刷	天津市新科印刷有限公司

开　　本	640×940　1/16
字　　数	200千字
印　　张	18.5
版　　次	2019年3月　北京第一版
印　　次	2019年3月　第一次印刷
定　　价	50.00元

版权所有　盗版必究